こんな会社で働きたい

働く人の幸せを追求する

健康経営企業編

クロスメディアHR総合研究所

※「健康経営®」は、NPO法人健康経営研究会の登録商標です。

はじめに

社員の健康は会社の成長と社会の発展につながる

クロスメディアHR総合研究所は、ビジネス書の出版事業を行うクロスメディアグループの「経営と人事」に特化した研究機関として発足しました。

『こんな会社で働きたい』は、地方の優良企業にフォーカスして、Uターン就職、Iターン就職を促し、地方創生を後押しすることを目的に2018年に誕生した書籍シリーズです。第1弾の「千葉編」を皮切りに、「埼玉編」「神奈川編」「茨城編」「大阪編」「広島編」「兵庫編」「奈良編」「石川編」「愛知編」と、10冊を刊行しました。

2020年からは、企業の取り組みをテーマとした「健康経営企業編」「SDGs編」がスタートし、年1回のペースで刊行してきました。本書は健康経営企業編の第4弾になります。

健康経営の概念は、アメリカの経営心理学者ロバート・H・ローゼンが著書『The Healthy

Company』の中で提唱したのがはじまりだと言われています。

日本において健康経営という言葉が誕生したのは、2006年のことです。考案したのはNPO法人健康経営研究会で、そのときの健康経営の定義は「健康管理を経営的な視点から考え、戦略的に実践すること」でした。その後、同研究会では2021年に定義を見直し、「人という資源を資本化し、企業が成長することで社会の発展に寄与すること」という文言を追加しました。

従来の健康経営の目的であった「労働安全衛生・健康管理（法令遵守）」と「心と身体の健康づくり（ヘルスリテラシー）」を土台としつつも、人を資本として新しい企業価値を創造するために、従業員の「働きやすさ（コンフォート&コミュニケーション）」「働きがい（ワークエンゲージメント）」「生きがい（ウェルビーイング）」を高めることが企業の成長と社会の発展につながるとし、その考え方を深化させたのです。

企業が健康経営を行うメリットとしては、次のようなものが挙げられます。

・生産性向上・業績向上
・企業価値向上・ブランディング
・従業員のモチベーションアップ・組織の活性化

・人材の確保・定着、離職防止

少子超高齢化に伴う労働人口の減少により、人材不足が課題となっている今、企業の持続的な成長を実現するためには、健康経営を実践し、企業価値を高める取り組みが欠かせません。

健康経営を推進する企業が増えている

経済産業省が行う健康経営に関する認定制度には、「健康経営銘柄」と「健康経営優良法人認定制度」があります。

経済産業省が東京証券取引所と共同で運営し、2014年度にスタートした健康経営銘柄は、東京証券取引所の上場企業の中から特に優れた健康経営の取り組みを実施している企業を選定し、投資家にとって魅力ある企業として紹介することで、企業による健康経営の取り組みを促進することを目指しています。「健康経営銘柄2023」では、SCSK株式会社、TOTO株式会社、東京海上ホールディングス株式会社など31業種49社（うち初選出は14社）の企業が選定されました。

一方、2016年度にスタートした健康経営優良法人認定制度は、特に優れた健康経営を実践している大企業や中小企業などの法人を顕彰する制度です。大規模法人部門と中小規模法人部門の２つの部門があり、それぞれ上位５００社を「ホワイト５００」「ブライト５００」と呼んでいます。健康経営優良法人の認定数は年々増加しており、「健康経営優良法人２０２３」では、大規模法人部門２６７６法人（前回より３７７法人増）、中小規模法人部門１万４０１２法人（前回より１７５７法人増）が認定されました。

「健康経営銘柄」と「健康経営優良法人」の申請から認定までの流れ

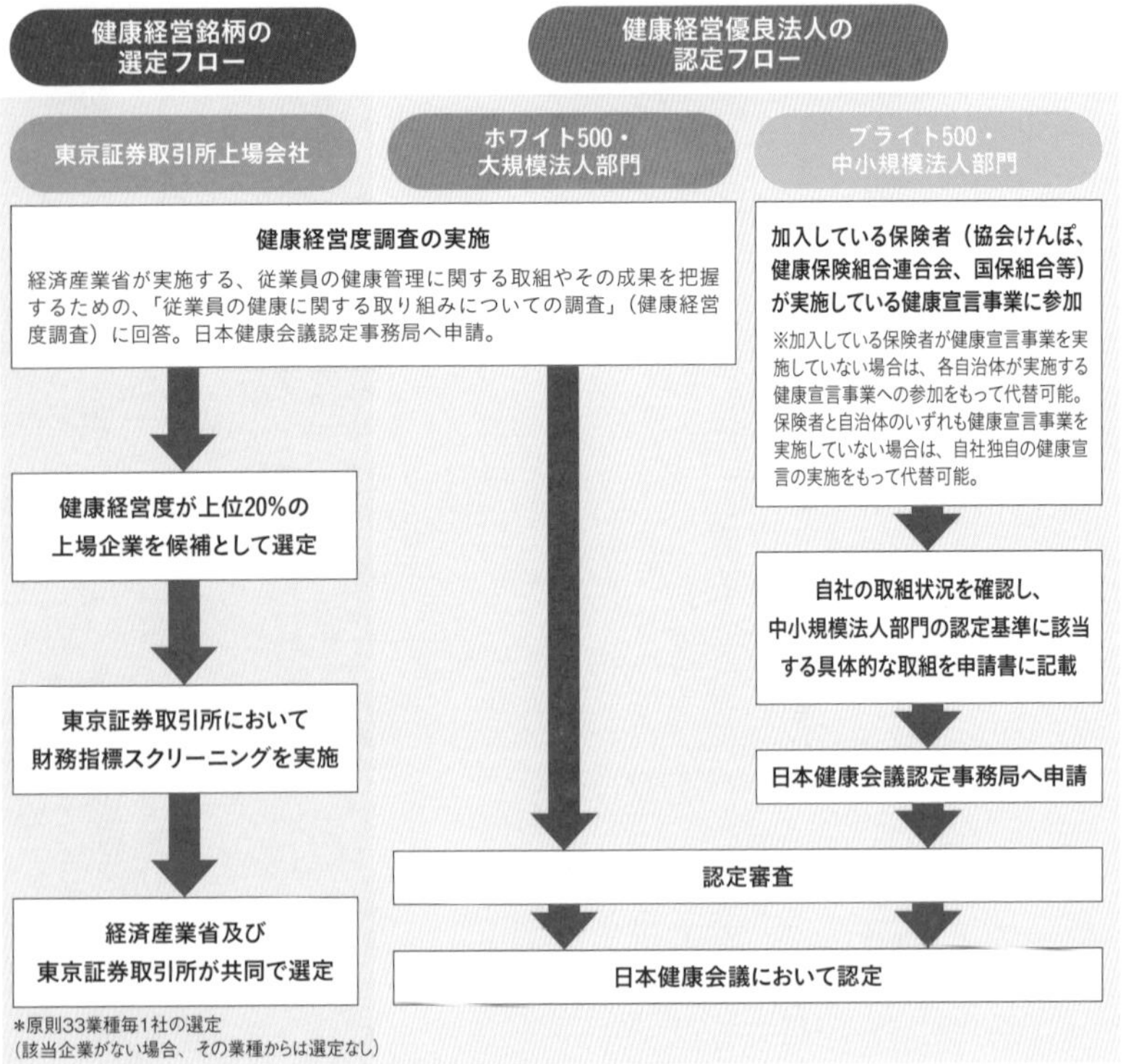

健康経営銘柄の選定フロー
健康経営優良法人の認定フロー
東京証券取引所上場会社
ホワイト500・大規模法人部門
ブライト500・中小規模法人部門
健康経営度調査の実施
経済産業省が実施する、従業員の健康管理に関する取組やその成果を把握するための、「従業員の健康に関する取り組みについての調査」（健康経営度調査）に回答。日本健康会議認定事務局へ申請。
加入している保険者（協会けんぽ、健康保険組合連合会、国保組合等）が実施している健康宣言事業に参加
※加入している保険者が健康宣言事業を実施していない場合は、各自治体が実施する健康宣言事業への参加をもって代替可能。保険者と自治体のいずれも健康宣言事業を実施していない場合は、自社独自の健康宣言の実施をもって代替可能。
健康経営度が上位20%の上場企業を候補として選定
自社の取組状況を確認し、中小規模法人部門の認定基準に該当する具体的な取組を申請書に記載
東京証券取引所において財務指標スクリーニングを実施
日本健康会議認定事務局へ申請
認定審査
経済産業省及び東京証券取引所が共同で選定
日本健康会議において認定
＊原則33業種毎1社の選定
（該当企業がない場合、その業種からは選定なし）

出典：経済産業省ホームページ「健康経営優良法人の申請について」

健康経営に係る顕彰制度について（全体像）

- 健康経営に係る各種顕彰制度を通じて、優良な健康経営に取り組む法人を「見える化」し、社会的な評価を受けることができる環境を整備。
- 2014年度から上場企業を対象に「健康経営銘柄」を選定。また、2016年度からは「健康経営優良法人認定制度」を推進。大規模法人部門の上位層には「ホワイト500」、中小規模法人部門の上位層には「ブライト500」の冠を付加している。

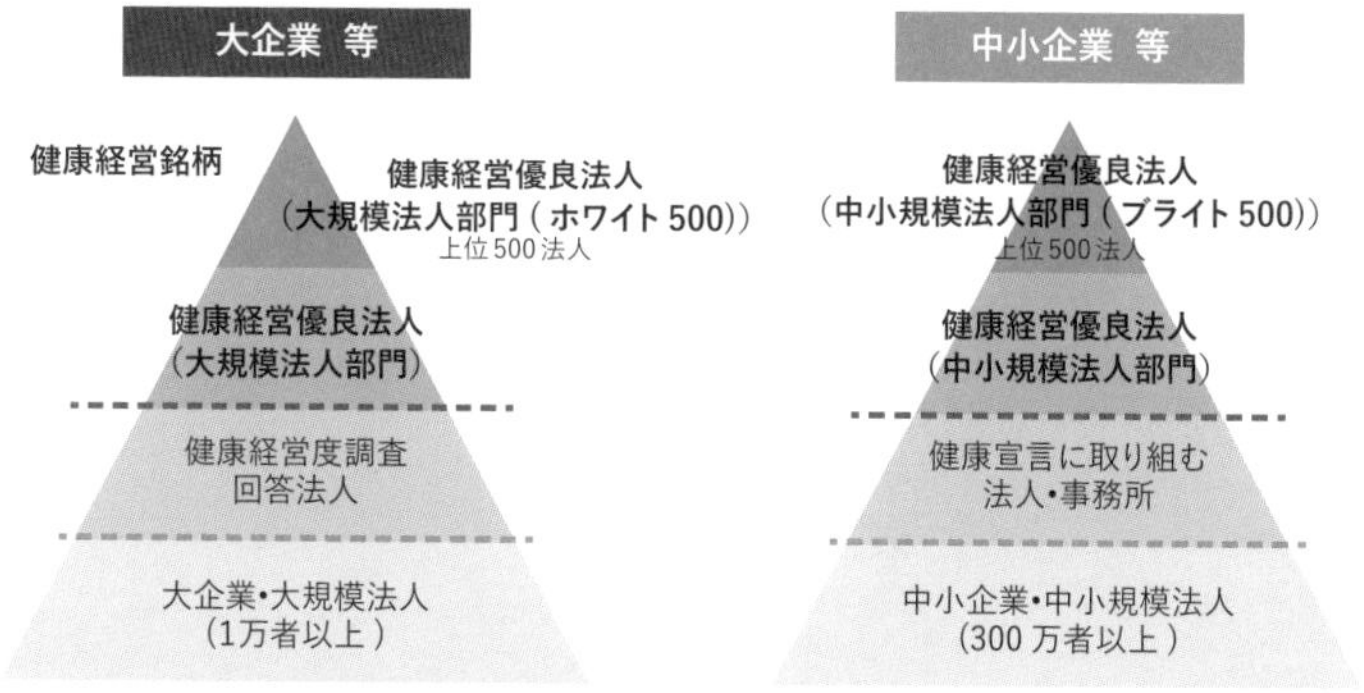

健康経営銘柄及び健康経営優良法人への期待

- 健康経営銘柄及び健康経営優良法人への期待として、以下整理している。

健康経営銘柄

健康経営銘柄の方針は、「東京証券取引所の上場会社の中から『健康経営』に優れた企業を選定し、長期的な視点からの企業価値の向上を重視する投資家にとって魅力ある企業として紹介をすることを通じ、企業による『健康経営』の取組を促進することを目指す」こととしている。

健康経営銘柄企業に対しては、健康経営を普及拡大していく「アンバサダー」的な役割を求めるとともに、健康経営を行うことでいかに生産性や企業価値に効果があるかを分析し、それをステークホルダーに対して積極的に発信していくことを求める。

健康経営優良法人（大規模法人部門（ホワイト500））
健康経営優良法人（大規模法人部門）

健康経営優良法人の方針は、「健康経営に取り組む優良な法人を『見える化』することで、従業員や求職者、関係企業や金融機関などから『従業員の健康管理を経営的な視点で考え、戦略的に取り組んでいる法人』として社会的に評価を受けることができる環境を整備する」こととしている。

大規模法人に対しては、グループ会社全体や取引先、地域の関係企業、顧客、従業員の家族などに健康経営の考え方を普及拡大していく「トップランナー」の一員としての役割を求める。

健康経営優良法人（中小規模法人部門（ブライト500））
健康経営優良法人（中小規模法人部門）

健康経営を全国に浸透させるには、特に地域の中小企業における取り組みを広げることが不可欠であり、中小規模法人部門においては、個社に合った優良な取組を実施する法人を積極的に認定することで、健康経営のすそ野を広げるツールとしている。

中小規模法人に対しては、引き続き自社の健康課題に応じた取組を実践し、地域における健康経営の拡大のために、その取組事例の発信等をする役割を求める。

出典：経済産業省ヘルスケア産業課「健康経営の推進について」（令和4年6月）

本書では、数多くの健康経営優良法人の中から9社にスポットライトを当て、健康経営に関する先進的な取り組みを紹介しています。

NTTグループの日本情報通信株式会社では、「ハピネス経営」を掲げ、経営資源を社員に投資し、社員のエンゲージメントを高めることで顧客サービスや顧客ロイヤリティを向上させ、会社の永続的な成長、社会全体の幸せを実現することを目指しています。

「健康経営優良法人ホワイト500」に7年連続で認定されているユニアデックス株式会社では、2021年に発足した働きがい推進室が主体となって、「働き方風土改革プロジェクト」を推進し、社員の幸福度を高めています。

こうした掲載企業の事例を見ながら、就職・転職活動中の方は企業選びの一助として、企業の経営者や管理部門の方は健康経営施策を向上させるための参考として、本書をご活用いただければうれしく思います。

自分の価値観に合った会社を見つけるために

企業研究において、事業内容、売上、営業利益、モデル給与などはインターネットなどで簡単に調べることができます。しかし、そうした情報だけでは、自分の価値観と本当に合う会社なのかを判断することは容易ではありません。掲げている理念やビジョン、提供するサービスや商品は将来にわたって通用するものなのか、職場環境は働きやすく、福利厚生は充実しているのか、スキルアップを支援する教育制度は整っているのかなど、会社に何を求めるかは人それぞれ違います。

しかし、そうした中にあっても、多くの人は将来にわたって成長し、働く自分自身も成長できる会社を選びたいと願っています。そして、成長の土台となるのは、働く皆さんの「健康」です。その会社が社員の健康を大切にしているかどうかは、会社選びの重要な判断基準になるのではないでしょうか。

これから始まる長いキャリアの入り口に立つための第一歩として、皆さんに本書を役立てていただけたら幸いです。

クロスメディアHR総合研究所

INDEX

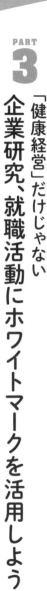

PART 1

巻頭企画

幸福度が高まる働き方

「成長」と「貢献」を実感できる会社で働こう

前野 隆司
慶應義塾大学大学院教授

従来の健康経営の考え方から一歩先へ。働く人のウェルビーイングに着目し、生産性向上や優秀な人材の確保・定着、持続可能な成長につなげようとする会社が増えています。多くの人が幸せを感じながら働ける職場環境を実現するためには、どのような視点が必要なのか。これから就職活動に臨む学生は幸せに働くためにどのような判断基準で会社選びをするとよいのか。幸福学の第一人者である慶應義塾大学大学院の前野隆司教授にうかがいました。

なぜ、ウェルビーイングが注目されているのか

ウェルビーイングは１９４６年のＷＨＯ（世界保健機関）設立時に、設立者の一人であるスーミン・スー博士が健康を定義する際に使った「Health is a state of complete physical, mental and social well-being and not merely the absence of disease or infirmity.」が初出だと言われています。翻訳すると、「広義の健康とは、身体的、精神的、社会的に良好な状態であって、単に病気や病弱ではないことを指すものではない」という意味です。この文章の中の「良好な状態」が、「ウェルビーイング（well-being）」という単語です。

企業においてウェルビーイングが注目されている背景

図表1 幸福度とパフォーマンスの関係

創造性 生産性

幸福感の高い社員の創造性は3倍、生産性は31%、売上は37%高い
[Lyubomirsky,King,Diener]

欠勤率 離職率

幸福度の高い社員は
欠勤率が41%低く [George,1989]、
離職率が59%低く [Donovan,2000]、
業務上の事故が70%少ない [ギャラップ]

出典：『ハーバードビジネスレビュー2012年5月号』（ダイヤモンド社）「幸福の戦略」 P62～63

前野 隆司（まえのたかし）

1984年、東京工業大学工学部機械工学科卒業。1986年、同大学修士課程修了。キヤノン株式会社、カリフォルニア大学バークレー校客員研究員、ハーバード大学客員教授などを経て、2008年より慶應義塾大学大学院システムデザイン・マネジメント（SDM）研究科教授。2017年より慶應義塾大学ウェルビーイングリサーチセンター長兼任。幸福学の第一人者であり、著書に『幸せに働くための30の習慣』（ぱる出版）、『実践！ウェルビーイング診断』（共著、ビジネス社）、『幸せな職場の経営学』（小学館）など多数。専門分野は幸福学、システムデザイン・マネジメント学など。

は、働く人のウェルビーイングを高めると、さまざまなメリットがあることがわかってきたからです。心理学には「サブジェクティブウェルビーイング＝主観的幸福」という分野があります。その研究において、幸せな人は創造性および生産性、売上が高くなる、離職率や欠勤率が低く、仕事上のミスが少ないという結果が出ています（**図表1**）。

また、最近の研究では、従業員が幸せな会社は企業価値、株価、利益率が高いというデータもあります。企業が繁栄するためには、従業員の幸福度が極めて重要であることが明らかになり、それが世の中に知れ渡るにつれ、多くの企業がウェルビーイング経営に着目するようになっていきました。

ウェルビーイング経営は、健康経営と重なる部分があります。ただし、一部の企業におけるオールドタイプの健康経営は、「十分な睡眠をとりましょう」「適度に運動をしましょう」といったフィジカル面を重視した施策のみとなっていて、仕事のやりがいや人とのつながりといった幸福感までカバーできていない現状があります。

近年、ウェルビーイング経営という言葉が頻繁に使われるようになったのは、健康経営をさらに進化させ、従業員一人ひとりの心身を良好な状態にするところまで取り組むことの重要性が広く理解されるようになったからだと言えるでしょう。

働く人の「幸せ」「不幸せ」にかかわる要因

パーソルグループのシンクタンクであるパーソル総合研究所と前野隆司研究室は、共同で「はたらく人の幸せに関する実証研究」を行っています。この研究では、働くことを通じた幸せ・不幸せがパフォーマンスやメンタルヘルスに与える影響、働くことを通じた幸せ・不幸せの効果などについて調査しました。

この研究の中で特に注目していただきたいのが、「はたらく人の幸せの7因子」（**図表2**）および「はたらく人の不幸せの7因子」（**図表3**）です。前者は、自己成長、リフレッシュ、チームワーク、役割認識、他者承認、他者貢献、自己裁量から構成され、後者は、自己抑圧、理不尽、不快空間、オーバーワーク、協働不全、疎外感、評価不満から構成されます。働く人がどのようなことに幸せを感じるか、あるいは不幸せを感じるかは、この14項目が必ずかかわっています。

図表2 はたらく人の幸せの7因子

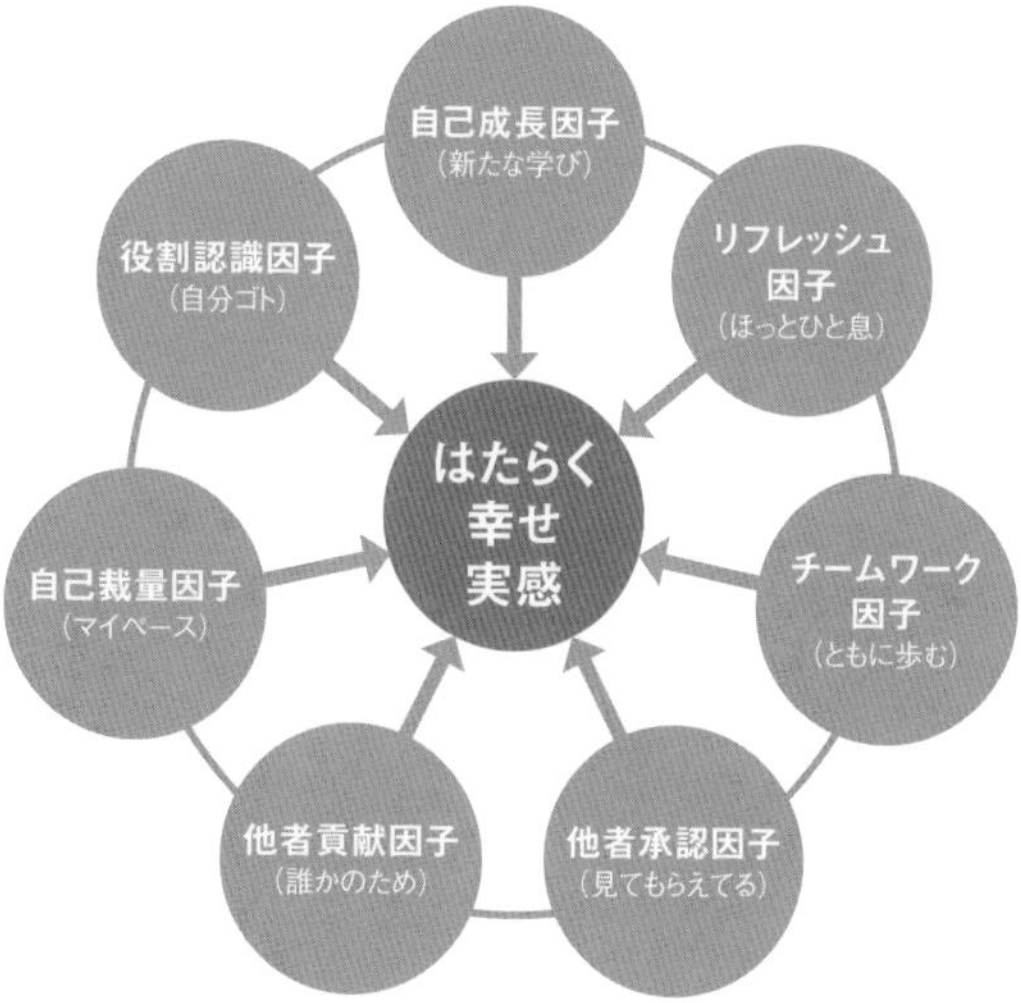

自己成長（新たな学び）	仕事を通じて、未知な事象に対峙して**新たな学び**を得たり、**能力の高まり**を期待することができている状態
リフレッシュ（ほっとひと息）	仕事を一時的に離れて精神的・身体的にも**英気を養う**ことができていたり、**私生活が安定**している状態
チームワーク（ともに歩む）	仕事の**目的を共有**し、相互に励まし、助け合える**仲間とのつながり**を感じることができている状態
役割認識（自分ゴト）	自分の**仕事にポジティブな意味**を見いだしており、**自分なりの役割**を能動的に担えている実感が得られている状態
他者承認（見てもらえてる）	自分や自分の仕事は**周りから関心**を持たれ、**好ましい評価**を受けていると思えている状態
他者貢献（誰かのため）	仕事を通じて関わる他者や社会にとって、**良い影響を与え**、**役に立てている**と思えている状態
自己裁量（マイペース）	仕事で**自分の考えや意見**を述べることができ、**自分の意志やペース**で計画・遂行する事ができている状態

出典：パーソル総合研究所×前野隆司研究室「はたらく人の幸せに関する実証研究」

図表3 はたらく人の不幸せの7因子

自己抑圧（自分なんて）	仕事での能力不足を感じ、**自信がなく停滞**している。また、**自分の強みを活かす事を抑制**されていると感じている状態
理不尽（ハラスメント）	仕事で他者から**理不尽な要求**をされたり、一方的に仕事を**押し付けられ**たりする。また、そのような仲間の姿をよく見聞きする状態
不快空間（環境イヤイヤ）	職場環境において、視覚や嗅覚など**体感的に不快**を感じている状態
オーバーワーク（ヘトヘト）	私的な時間を断念せざるを得ない程に**仕事に追われ**、精神的・身体的に**過度なストレス**を受けている状態
協働不全（職場バラバラ）	職場内でメンバー同士が**非協力的**であったり、自分の**足を引っ張られている**と感じている状態
疎外感（ひとりぼっち）	同僚や上司とのコミュニケーションにおいて**すれ違い**を感じ、職場での**孤立**を感じている状態
評価不満（報われない）	自分の努力は**正当に評価されない**、**努力に見合わない**と感じている状態

出典：パーソル総合研究所×前野隆司研究室「はたらく人の幸せに関する実証研究」

働く人の幸せ、不幸せの感じ方は、働く企業や役職によって違いがありますし、会社組織の形態、仕事の状況、人間関係によっても変わってきます。仕事が集中しすぎている管理職が不幸せだと感じている会社もあれば、入社3年目の若手社員が不幸せという会社もあります。企業側としては、個々人を見て適切なケアを行い、幸福を追求していくことが必要になるでしょう。

働く人の幸福度は企業の成長と雇用確保につながる

企業側がウェルビーイング経営に取り組み、働く人の幸福度を高めていくことで、さまざまな効果が期待できます。端的に言えば、働く人が幸せだと収益が上がり、企業が成長・発展します。そして、若年層の雇用確保につながります。

最近の若者は、ブラック企業を避け、元気で幸せに働ける会社に入りたいという意識が非常に強いため、就職先を入念にリサーチしています。その裏付けとして、会社選びの基準についてアンケートをとると、昇給、昇格といった条件よりも、幸せに楽しく働くことを重視する傾向があることがわかります。ウェルビーイング経営は企業の繁栄と雇用の確保によい影響を及ぼす、これからの時代に不可欠な取り組みと言えるでしょう。

従業員のフィジカルとメンタル両方の健康を増進し、幸福度を高めると、心に余裕が生まれ、仕事にやりがいを感じられるようになります。逆に、「仕事はつらいけれど、給料をもらうためには仕方がない」という滅私奉公的な価値観では、幸せになることは困難です。2023年の全国高等学校野球選手権記念大会（夏の甲子園）では、「エンジョイ・ベースボール」を掲げる慶應義塾高校が優勝しましたが、企業も「エンジョイ・ビジネス」「エンジョイ・ワーク」へと価値観を転換するべきです。

つらい中で頑張るのは決して悪いことではありません。しかし、真面目に頑張りすぎることによってメンタルヘルスを損なう人もいます。どんな仕事でも少なからずプレッシャーはあると思いますが、その過程を楽しめるようになることが大切です。従来の「仕事はつらく苦しいもの」という価値観から、努力を楽しむ方向へと変わっていくべきです。

大きな枠で考えると、日本、韓国、中国などのアジア圏の国は儒教道徳の影響が強く、自己犠牲が美徳とされていますが、そのような価値観は人を幸せにしません。ヨーロッパ、特に北欧であれば福祉という意味でのウェルビーイング、アメリカではハピネスに近い意味でのウェルビーイングを目指そうという社会的合意が形成されています。

もちろん、儒教的な道徳観はいい面もあり、おもてなしなどの習慣にもつながっていますので、欧米文化のよいところを取り入れ、ウェルビーイング経営を定着させていくことが大切です。

利他の心が働く人の幸福度を高める

ウェルビーイング経営が進み、働く人の気持ちに余裕ができると、利他の心が生まれます。利他心は幸せと相関関係があります。

利他は「自分の時間が減るから損だ」という人がいますが、そんなことはありません。ボランティア活動をしたり、人に親切にしたりすると、ほんわかとやさしい気持ちになり、自分をいい人だと感じられるようになります。たとえば、現役をリタイアしてセカンドライフにボランティアを始める方が増えていますが、そういった方たちは、直感的に自分が幸せになる方法をわかっているのだと思います。いい人になることは幸福度を高めるので、ティップスとして頭の隅に留めておいても損はありません。

利他は身近な人間関係を良好にし、大きく捉えれば、世界平和や環境問題の解決にもつながり、いいことだらけです。若いうちは、生存本能によって自分を鍛えたいという思いが先に来て、その後、子育てなどの社会経験を積むことによって、世の中に恩返しをしたいという気持ちが湧いてくる傾向があります。

ただし、利他心には個人差があり、10代の頃から利他心が強く、仕事を選ぶ際に対人援助職を志望する方もいます。若いうちから利他的な人は自己犠牲に陥らないよう気をつけ、利他心が弱いという自覚のある人は自分の中で少しずつ育てていくことを意識するとよいと思います。

「成長」と「貢献」を実感できる仕組みづくり

従業員の幸福度を高めるために、企業側は何をすればよいでしょうか。キーワードとなるのは「成長」と「貢献」です。ただし、社会経験のない若者に成長と貢献の重要性を説いても、少々説教くさくなります。そのため、会社組織の中で成功体験を積んでもらう仕組みをつくることが重要です。

企業は人間を磨く場でもあるので、「学びを深めてより仕事ができるようになった」「クライアントに喜んでもらえた」という成功体験をしてもらい、押し付けではなく、楽しみながら成長と貢献を実感できる環境がつくれれば理想的です。仕事における幸せについて、業務が楽で、残業

図表4 感情的幸福と年収の相関

ノーベル経済学賞を受賞したカーネマンが行った
アメリカでの研究によると、
年収が$75,000になるまでは感情的幸福は年収と比例するが、
それを超えると感情的幸福と年収に相関はない。

感情的幸福：短期的幸福の指標、ポジティブ感情＋ネガティブ感情

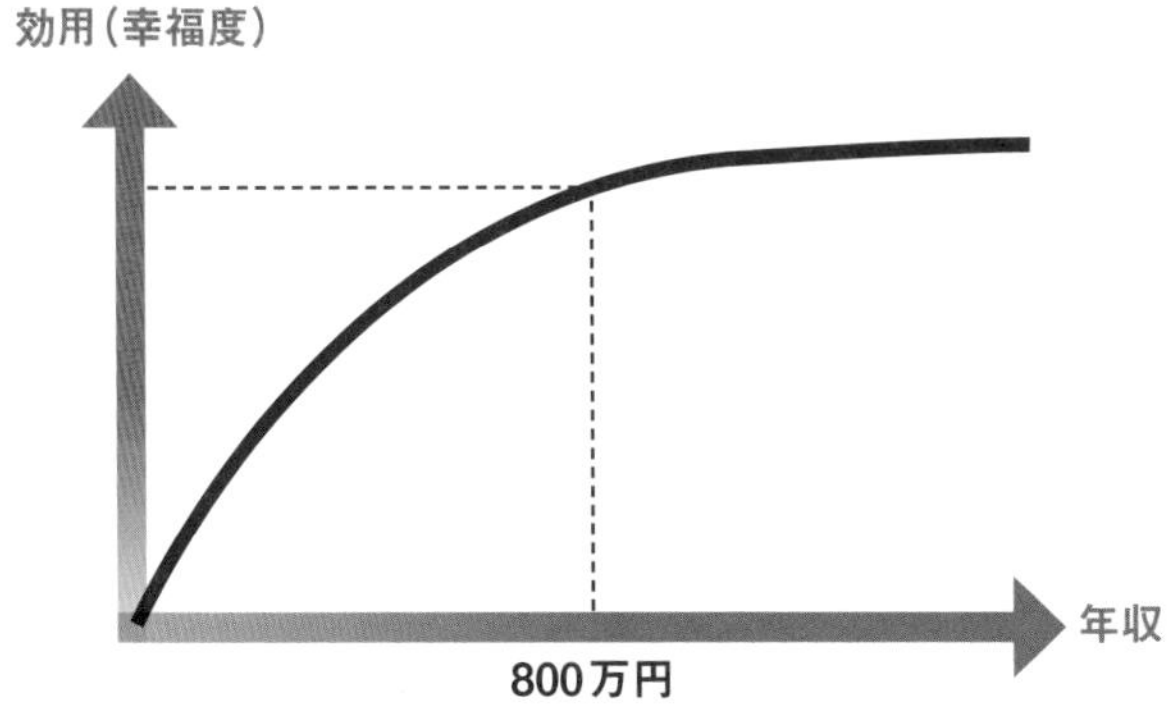

がなく、給与が高いことだと考えている人も多いと思いますが、幸福度により効果があるのは、いかに成長と貢献を実感できるかです。これは研究データから明らかになっています（**図表4**）。

成長を実感できるための仕組みづくりとしては、まずは充実した研修の実施が効果的です。また、成長実感のある仕事の与え方も大切です。難易度の高すぎる仕事を与えるとハラスメントになってしまうこともありますが、キャパシティを少し超える程度の仕事を与え、褒めたり、エンカレッジ（勇気づけ、励まし）をして成長を促します。人間はＡＩよりも単純で、ただ「働

け」と言われると労働意欲がなくなり、「頑張っているね」「いつもありがとう」と感謝されたり、エンカレッジされたりするとやる気が出ます。

成長したくなるような風土づくりも重要です。1on1ミーティングでコミュニケーションを深める、若い人の意見を働き方に反映するといった積み重ねを地道に行うべきです。上司や先輩は若い人の不満を聞き、どのように改善するかを一緒に考えます。今は苦しいけれど、大きな夢に向かってともに頑張ろうという企業風土があれば、自然と会社に貢献したくなり、成長にもつながります。

貢献という意味では、近年、パーパス経営や理念の浸透が重視されています。理念を明確にして、「私たちはこの製品・サービスを通して社会に貢献している」ということを若い社員に伝えます。新入社員の大半は仕事の全体像が見えにくいため、その仕事が何の役に立っているのかがわかりません。ともすると、末端に行くほど自身を歯車のように感じてしまいます。そのため、理念の浸透を図り、どのように社会貢献しているかを伝える必要があります。

理想論から入りましたが、それ以前の段階として、まずはネガティブな習慣をなくすことが大切です。ハラスメントまがいの行為が横行しているのであれば、なくす必要があります。

昔は「この仕事をやっておいて」というコミュニケーションが当たり前でした。しかし、今の時代の若者は、そうした指示をハラスメントと捉えます。「君がこの仕事をやることで社会がよくなるから頼むね」という伝え方にすれば、やる気が出るはずです。命令から感謝とエンカレッジを重視するコミュニケーションへと変えることは、社会全体において急務です。

日本は諸外国に比べて男女差別やハラスメントが根強く残っており、仕事をやらされている感も高い傾向にあります。世の中が急激に変わりつつある中で、管理職が学びを深め、意識を変え、多様性を認める平等なコミュニケーションを図ることで、若手は幸福度を実感できるようになるでしょう。

幸福度が高い企業の成功事例

ここで、働く人の幸福度が高い企業の事例を2つ紹介します。まずは徳島県にある西精工株式会社です。「六角ナット」というネジをつくっている会社ですが、従業員の幸福度が高いことで有名です。

幸せな会社で働く人に「仕事でどんなときが幸せですか」と聞くと、「成長と貢献を実感できたとき」という答えが返ってきます。信じられないかもしれませんが、西精工の社員約250人に同じ質問をすると、誰に聞いても「成長と貢献」を挙げます。

西精工が幸福度を高めるために何をやっているのかといえば、掃除、あいさつ、コミュニケーションです。同社では、自分たちで会社をきれいに掃除する、大きな声で元気に目を見てあいさつをする、役職に関係なくコミュニケーションを図る、そして理念の浸透をしっかり行うことを徹底しています。

社員はそれらに取り組むことで、自律的に働くようになります。掃除に関しては、製造業なので機械が油まみれになったりしますが、きれいに掃除して整理整頓を心がけています。人間は単純なので、掃除をして外側がきれいになると、心もきれいになり、誠実で倫理的な人になります。あいさつをすると清々しい気持ちになり、ミスが減り、生産性も創造性も上がるなど、いいこと尽くしです。惚れ惚れするほど幸せな会社です。

大企業では、化粧品メーカーの株式会社ポーラが好例です。私がアドバイザーを務めている「幸せ研究所」というラボを社内に設置し、ビューティーディレクターや販売員をはじめとする社員の幸せと、メイク効果によるお客さまの幸せを研究しています。

社員に対しては「幸せなチームづくり7か条」を掲げ、「対話する・目をつむらない」「ジャッジしない・正解を求めない」「執着しない・リセットする」「任せる・委ねる・頼る」「経験を教訓にする」「相手を変えるのではなく自分が変わる」「愛のループを自分から始める」という考え方を取り入れ、ウェルビーイング経営を推進しています。

及川美紀社長は非常に志が高く、「うちはまだ幸せな会社と言わないでください。幸せを目指している会社です」と公言し、さらなる高みを目指されています。ウェルビーイング経営に関して、さらなる可能性を感じる企業ですね。

同じ職場でも人によって幸福度に違いが出るのはなぜ？

同じ職場で働いても、幸せに働いている人とそうでない人がいます。「やりがいを感じているか、やらされている感があるか」「コミュニケーションが十分か、不十分か」「成長意欲が高いか、低いか」「貢献意欲が高いか、低いか」など、原因は複数ありますが、これらの中で最も影響が大きいのは「やらされ感」です。ただただ仕事を大変だと思ってやっている人は、やりがいもなく、つながりをつくろうともせず、成長意欲も貢献意欲も低い傾向があります。主体的に視野を広くして、世の中の役に立つことをやっていると自覚できていれば、幸福度は高まります。

視野が広くなれば、どのような仕事でも世の中の役に立っていることがわかりますし、より貢献しようという気持ちが湧き、創造性も生産性も高まります。視野を広く持つことは意外と簡単で、さまざまな経験を積む、考え方の選択肢の幅を広げるという方法があります。やらされ感に陥らない視野の広さを持つことは非常に重要です。

もうひとつは人間関係です。会社の人と一緒に働いて楽しいと思えるような人間関係であれば幸せですが、苦手な人と週に5日間会わなければいけない状況は心理的に負担となります。先ほどお話した西精工の皆さんは、土日になると社員同士が家族同士で連れ立って一緒に遊びに行くそうです。ともに働いていて心地がいいから、週末も一緒にいたくなるという好循環ですね。

人間関係をよくするように努め、悪口を言わずに人のいいところを見つける習慣づけも大切です。人間ですから誰でも欠点があります。互いに欠点ばかりを意識していると、会社がネガティブな雰囲気になってしまいます。

人間関係をよくするもっと簡単な方法は、口角を上げて笑顔になり、姿勢をよくすることです。それだけで話しかけやすい人になり、会社の雰囲気もよくなるはずです。西精工の皆さんの掃除のように、外側から入ることで内面も充実していきます。

ただし、無理をすると自己犠牲になるので、その点は気をつける必要があります。幸せは活力につながりますが、利他的になり成長しなければと自分に課すと重荷になります。個人の行動と、企業の受け皿が噛み合えば、働く人の幸福度は目に見えて上昇します。

楽しく働きながら成長できる会社を選ぶ

これからの時代は、ウェルビーイング経営に取り組んでいる企業で働くことが主流になっていくと思います。大きな流れとしては、会社側が人的資本の情報開示を行い、ウェルビーイングな会社が繁栄し、そういう会社へ優秀な人材が増え、幸せに働ける人が増加するという好循環が生まれます。私の立場からすると、働く人の未来は明るいと思っています。

学生の皆さんが就職する企業を選ぶ際は、ぜひ、ＯＢ・ＯＧ訪問をしてたくさんの人と会ってください。可能であれば年齢が近い先輩だけでなく、20歳上、40歳上の人と話し、その会社の雰囲気をよく観察することをおすすめします。その会社が本当に自分に合っているのか、働いたらワクワクするのか、そういうポイントで選ぶことが大切です。

同時に、どのような理念を掲げる会社なのか、その理念に熱意はあるのか、うわべだけのものなのかを見抜く力も必要です。若く社会経験が少ない場合、実情を見抜くことは簡単ではありませんが、できる限り情報を収集することが重要です。もし、就職した会社が自分に合わないとわかった場合も、一生同じ会社で働く時代ではないため、転職するという選択肢があります。

幸せを実感できない会社をすぐに転職したほうがいいかどうかは、個人の資質によります。転職は大きく2つに分かれ、転職するたびにやりたい仕事から離れて給料も下がっていく人と、やりたい仕事を楽しみながらスキルアップできるようになる人がいます。視野の広さと利他心さえあれば、たいていの仕事はやりがいを持って取り組めるはずですが、ブラック企業である場合や携わる業務が向いてない場合もあり、非常に見極めは難しいのですが、今の会社と比べて転職先のほうが活躍できるか、幸せを感じられるかを熟考してから転職してほしいと思います。

就職や転職について、私の立場からあえて言うとするならば、企業のブランド力と給与は二の

図表5 幸せな人は健康長寿（幸せは予防医療）

- 先進国に住む多くの人で比較したところ、幸せを感じている人は、そうでない人に比べ、7.5～10年寿命が長い
- 修道院の尼僧180人への研究。修道院に入所したとき幸せと感じていた尼僧の寿命は94歳。あまり幸せと感じていなかった尼僧の寿命は87歳。約7年の差

Bruno S.Frey（University of Zurich）,**Happy People Live Longer**,（幸せな人は長生きする）、2011年2月、Science 331,542-3

期待寿命の1％の増加は、年間GDPの5％以上の増加と同等（Thomas Hillsら、2016）

次、三の次で、自分が楽しく働きながら成長できるという視点で会社を選ぶといいと思います。ブランドはあくまで過去の栄光で、未来も同様にブランドが続くわけではありません。給与は大企業の平社員よりも中小企業で出世したほうが大きく昇給する可能性があります。福利厚生も大事なポイントかもしれませんが、幸せな人は健康長寿なので、福利厚生の充実を求めるよりも、幸せに働ける環境かどうかのほうが重要です（**図表5**）。

これからは激動の時代になります。少子超高齢化、環境問題や貧困問題など社会課題はたくさんありますが、一方でＡＩやテクノロジーも急速に進歩しています。その激変の中

で生き延びられる会社を選ぶ、生き延びられる人材になることを目指せば、どこでも働けるようになり、自然と自己成長につながるのではないでしょうか。

大切なのは、「未来は明るい」と信じて、希望を持つことです。未来は暗いと思ったら暗い気持ちになりますし、創造性も生産性も下がります。不安なことばかりが報道されますが、これから超高齢社会の新市場も生まれますし、世界に目を向ければ、爆発的に人口が増加するアフリカでは市場の拡大が確実です。50年後、100年後の未来は誰もが幸せと思える時代がくることを信じて、よりよく働き、生きてほしいと願っています。

PART 2

こんな会社で働きたい

健康経営トップランナーの実践事例

COMPANY FILE | 01

日本情報通信株式会社

社員の幸せを社会全体の幸せにつなげる!
NTTグループのネットワーク・システム・インテグレータ

日本情報通信ってこんな会社!

日本情報通信（NI+C）は、通信ネットワーク分野を牽引してきたNTTと、コンピュータのパイオニアである日本IBMの出資によって1985年に創立。両社のDNAを受け継ぎ、多彩なITソリューションを提供することでお客さまの課題解決に尽力してきました。

同社では、技術を扱うのは「人」であり、社員の成長こそが会社の付加価値を高め、さらなる発展を牽引していくという考えのもと、社員教育に力を入れています。入社後半年間の研修をはじめ、配属後も教育制度が充実しており、チャレンジ意欲を支援する仕組みが整っています。新卒入社の約半数はIT未経験者ですが、技術を学ぶ意欲があれば、ハンデになることはありません。

一人ひとりのパフォーマンスを存分に引き出せるよう、リモートワーク主体の就業環境の導入や健康経営の施策に注力し、社員が幸せに働ける環境整備に努めています。

グループ経営本部長に聞く!

サステナブルな社会を実現する ハピネス経営

日本情報通信では、「社員の幸せが社会全体の幸せにつながる」という考えのもと、「ハピネス経営」を推進しています。その狙いについて、グループ経営本部長の鎌田晃治さんにうかがいました。

次世代ボードユニットを結成 幸せ行動規範を策定する

私たちは、「社員を幸せに、お客様を幸せに、そして社会を幸せに」を掲げ、「ハピネス経営」に取り組んでいます。経営資源を社員に投資し、社員のエンゲージメントを高めることで顧客サービスや顧客ロイヤリティ（CX）が向上し、会社の永続的な成長、社会全体の幸せにつながると考えています。

ハピネス経営を推進するためには、会社としてビジョンを示し、大切にすべき価値観や行動を社員に知ってもらうことが大切です。そこで、次世代リーダーを育成するために結成した「次世代ボードユニット」のメンバーと社長でディスカッションを行い、「幸せ行動規範」を策定しました。これは、「挑戦」「思いやりチームワーク」「多様性を大切に」など15のキャッチワードごとに設けられており、毎月、重点項目をアナウンスして社員に浸透を図っています。

NTTグループで最も働きやすい会社を目指します!

執行役員
グループ経営本部長
グループ経営本部
次世代ボードユニット長
鎌田 晃治さん

何に働きがいを感じるかは人それぞれだからこそ、試行錯誤を続ける

ハピネス経営の具体的な施策としては、働く場所を選択できる「どこでもOffice制度」や社内コミュニケーション活性化のための「テレトーーク！」、働きがい向上のためのスキルアップ支援のほか、さまざまな取り組みを行っています。

2023年には人的資本に関する情報開示の国際的なガイドラインである「ISO30414」の保証を取得。今回の保証は、「Sustainability Reporting Assurance（持続可能性報告保証）準則（AA1000）」に基づく保証であり、グローバルで初の快挙となりました。

何に「働きがい」を見出すかは人それぞれ違います。今後も社員からヒアリングする機会を設けながら働きがい向上に資する施策を試行錯誤していきたいと思います。DX推進などを通じて業務効率化を図り、生産性とサービス品質の向上を目指しつつ、NTTグループ内でのベストプラクティスを共有して、成長し続けていきたいと考えています。

数字で見るNI+Cの働き方

リモートワーク主体の就業環境や多様な社員の活躍を推進する施策など、常に社員が幸せに働ける環境整備に努めているNI+C。さまざまな施策の効果は、「有給休暇取得日数平均」「平均残業時間」「社員離職率」などの数字にも表れています。グループ経営本部の丹野紗菜さんに、社員がいきいきと働ける秘訣を教えてもらいました。

グループ経営本部
人事育成部 採用育成グループ
丹野 紗菜さん

リモートワーク実施率

80%

リモートワークを推進するにあたり、社員へリモートワーク備品貸与、リモートワーク補助手当の創設や、シェアオフィス（無料利用）の導入などを実施し、リモートワーク環境でも不便なく業務に従事できます。

LGBTQ+支援表明者（Ally）

55人（6%）

PRIDE 2年連続ゴールド認定

多様性を認め合う環境づくりを推進し、企業や団体のLGBTQ+などのセクシュアルマイノリティに関する取り組みを評価する「PRIDE指標」において、2年連続、最高評価である「ゴールド」を受賞しています。社内Allyも増え、夫婦と同等と認められる同性パートナーを配偶者と同様に扱うよう各種制度も整っています。

※AllyとはLGBTQ+を支援する異性愛者

どこでもOffice制度利用実績

延べ500人以上

「どこでもOffice制度」では、日本全国どこでも、社員自らが指定した場所（会社や自宅以外）で働くことができます。NTTグループが掲げるリモートワールド実現に向けて、より柔軟な働き方を選択できるようにするために、2021年11月に導入しました。出張や旅行先でワーケーションをする場合などを想定した「Chott（ちょっと）」、親の介護などで転居する必要がある場合などを想定した「Zutto（ずっと）」の2種類があり、これまで500人以上の社員が利用しています。

制度導入により、介護離職の減少、地方在住者の採用増につながりました。部署によっては出社が必要なこともあるので、無条件で希望が通るわけではありませんが、上司と相談して認められれば利用できます。

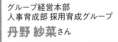

モチベーション高く働けるのはなぜ?

多様な社員の活躍を推進!

全社有給休暇取得日数平均(年・人)

18.8日

2022年度の17.7日から増加しました。管理職や各部門のリーダーが部下の有給休暇取得状況を把握し、取得が少ない部下に対して取得を促すようにしています。

会社平均 残業時間(月・人)

21.1時間

年々、減少傾向にあります。残業が30時間を超える社員は管理職や労務に報告するようにして、残業時間の見える化とDX推進による業務効率化に取り組んでいます。

社員離職率

2.23%

(新卒3年以内離職率2.2%)

社員のメンタル不全対策を実施し、離職防止につなげています。具体的には、社員の心の健康度を把握するためのパルスサーベイを定期的に行い、上司が状況に応じて必要な対策をとれるようにしました。

新卒3年以内離職率が低い理由としては、「メンター・メンティー制度」が考えられます。入社後3年間は他部署の先輩社員と月に1度面談する機会を設け、業務や人間関係などの悩みを聞いたり、スキル習得へのアドバイスをしたりしています。このほか、定期的な研修や配属希望の考慮など、手厚いサポートも個々の社員がパフォーマンスを発揮しやすい環境につながっています。

メンタルヘルス・マネジメント検定試験Ⅱ種

有資格管理職割合 **91.8%**

社員が幸せに働くためには、管理職のラインケアが大切となるという考えのもと、管理職には「メンタルヘルス・マネジメント検定試験Ⅱ種(ラインケアコース)」合格を必須とし、ひと通りのラインケアについて学んでいます。日頃から「1on1」などで管理職と部下の信頼関係を構築し、部下の不調にいち早く気づき、早め早めの対応をとるように努めています。

するオフィス&リモート環境

リモートワーク主体の働き方が浸透する中、本社オフィスのあり方を検討してきた同社は、2022年2月にセンターオフィス「NI+C Garden」を開設。全日本サーフィン選手権大会で複数回の優勝経験を持つアスリート社員の石川拳大さんが案内してくれました。

グループ経営本部
総務部 労務グループ
石川 拳大さん

従来の本社オフィススペースを半減して完成した「NI+C Garden」

約8割がリモートだからこそ快適に働けるセンターオフィスを

ＮＩ＋Ｃでは、リモートワークを推進するために、社内会議はほぼすべてオンラインで行い、固定席をフリーアドレスへ全面移行。どこでもＯｆｆｉｃｅ制度の導入やシェアオフィスの活用など改革を進めてきました。ＰＣモニターやＰＣスタンド、ｉＰａｄ、チェアなど、リモートワークに必要な機器を貸与し、出社しなくても出社時と同じように働ける環境を整えています。

そうした状況の中、２０２２年２月には、社員一人ひとりに合わせたハイブリッドワークスタイルを実現するために、「ＮＩ＋Ｃ Ｇａｒｄｅｎ」を開設。オンラインミーティング用の個別ブース20席をはじめ、対面ディスカッション用や一人で集中して仕事に取り組めるスペースなど、その日の業務や気分に合わせて働く場所を選べるようにしました。オープンなセミナースペースやカフェコーナーなども設置して、

新オフィス
「NI+C Garden」
を開設!

「ワークインライフ」を実現

社員同士のカジュアルなコミュニケーションを誘発させる工夫を盛り込んでいます。

さらに、ビールサーバーが常設されており、毎日17時半以降であれば利用できます。夜になると、出社した社員同士で一杯楽しむ姿や、お客さまとお酒を飲みながら親睦を深める姿が見られます。

「NI+C Night」で記念撮影。2列目左から4番目が桜井伝治社長、最後列右端が須崎吾一副社長

多彩なイベントを開催し社員同士の交流を図る

セミナースペースでは、オンライン・オフラインによる社内外のイベントを行っています。また、カフェテリアカウンターエリアでは「NI+C Night」という社員の誕生日会を月1回開催。当社社長が誕生日月の社員一人ひとりに直筆サイン入りの招待状を送り、当日は飲食を楽しみながら、部門の垣根を超えた交流ができます。

全社横断型オンラインイベント「テレトーーク!」

リモートワークのリフレッシュ施策としては、毎月第1金曜日に全社横断型オンラインイベント「テレトーーク!」を開催。「やってみたいサークル活動は?」「最近感動したこと、嬉しかったこと」などのテーマに沿って社内コミュニケーションの活性化を図っています。ほかにも、ChatGPTを活用した自社サービスである「NICMA」の活用アイデアを募るコンテストを実施して、AIリテラシー向上に役立てています。

短時間で
疲労回復できる
酸素ルームも
あります!

健康経営推進担当者に聞く！ NI+Cの健康経営はココがすごい

NI+Cでは2022年10月、グループ経営本部人事育成部内にウェルビーインググループを発足。さまざまな健康経営施策を実施してきました。同グループの北原恵さんにイチオシ施策を聞きました！

社員の幸福度を
高める施策を
私が紹介します!

グループ経営本部 人事育成部
ウェルビーインググループ
北原 恵さん

シン・サンクスポイント制度で感謝を伝え合う風土を醸成

当社では、社員が心身ともに健康な状態でいきいきと仕事に取り組めるように、さまざまな健康経営施策を行っています。健康経営優良法人の認定を受けており、「ホワイト500」までもう一歩です。

「シン・サンクスポイント制度」では、パソコンやスマートフォンなどから気軽に、イラストとともに感謝や応援などのメッセージを送ることができます。「社内イベントを手伝ってもらった」「チャットで質問に答えてもらった」ときなどにメッセージを送ると、送信されたメッセージは全社で共有され、社員間で感謝を伝え合う風土が醸成されています。本施策を活用し感謝した回数や感謝された回数に応じて半期ごとにポイントを付与。貯まったポイントは物品・サービスと交換可能です。

社内ウォーキングイベントで交流を深める

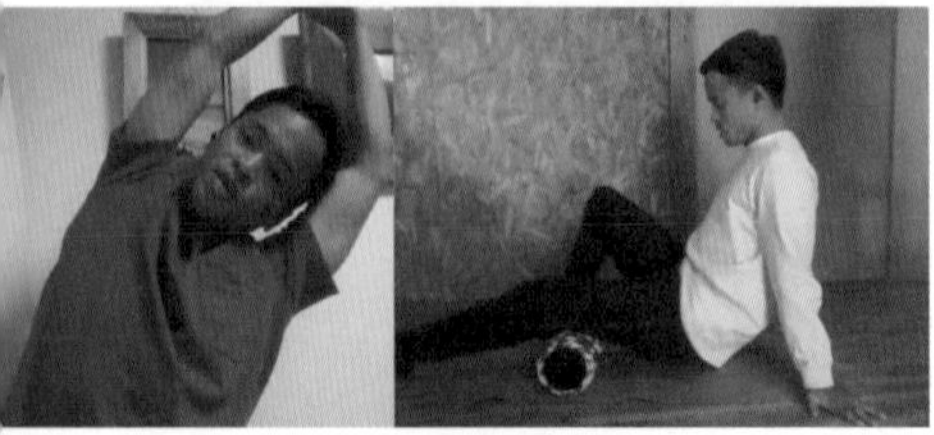

アーカイブ配信もあるワークアウト講座

毎週水曜日にアスリート社員によるワークアウト講座を実施

フィジカル面では、運動不足解消や運動習慣の定着を目的に、春と秋にウォーキングイベント、毎週水曜日15時にオンライン・ワークアウト講座を実施しています。

ウォーキングイベントは、歩数アプリを活用し、イベント期間中の歩数を個人とチームで競います。ワークアウト講座は、オンライン上のバーチャル空間に社員が集まり、アスリート社員の石川拳大さんによるストレッチ・筋トレを行います。

ほかにも、社員から興味のあるテーマを募り、年5回ほどウェルビーイングセミナーを開催。2023年は「オーラルケア」「マインドフルネス瞑想」の回が人気でした。

リスキリングと資格取得を支援 成長を実感できる人材育成の仕組み

IT企業という性質上、技術革新への対応が必須だというNI+C。人材育成の特徴とスキルアップを支援する仕組みを人事育成部の阿部隆広さんと木川暁彦さんが紹介します。

リスキリング制度を活用し 1,000名以上が推奨資格を取得

人材育成においては各事業本部が必要な研修をタイムリーに実施するほか、階層別研修などを通じて「リーダーシップ」「コミュニケーション力」といったヒューマンスキルの底上げを図っています。

2021年12月からはリスキリング制度も導入。会社として推奨している資格は23個あり、受験費用やテキスト代を会社が負担し、合格した場合は資格取得祝い金を授与しています。また、社内の一線級の技術者たちが「技術アドバイザリーボードユニット」を結成し、各資格に必要なテキストを設定したり、講座を開講したりすることで、資格取得をバックアップしています。この制度を利用して、これまでに1,068名の社員が推奨資格を取得してきました。

新入社員向けの研修としては、入社後3か月はプレゼンなどのビジネススキルやITリテラシーを身につける集合研修、その後3か月はOJTや資格取得支援などを行っています。2023年度は、新入社員研修期間中に1人平均3.6個の資格を取得しています。入社後すぐに「学び癖」をつけてもらえるといいなと思っています。

社内外のコンサルタントに キャリアの相談ができる

2023年9月より、社員からのキャリアに関する相談に応じるため、キャリアコンサルティングサービスを導入。特徴は相談者が社内のキャリアコンサルタントに相談するのか社外のコンサルタントに相談するのかを選べる点で、相談内容に合わせて選択してもらっています。

社内で募集しているポストに応募できる社内公募制度や、社員が新たに挑戦したい業務に手を挙げることができる社内FA制度もあり、中長期的な視野で、柔軟にキャリアを築いていくことが可能です。

木川 暁彦さん
グループ経営本部 人事育成部 採用育成グループ長
私も総務→営業→人事とキャリアを選択してきました

阿部 隆広さん
グループ経営本部 人事育成部長

NI+Cで活躍する若手社員に聞いた！

社内で評判の施策 いきいきと働ける秘訣

ハピネス経営の実現に向けて、さまざまな施策を行っているNI+C。実際に働いてみてどんなところに魅力を感じるのか？若手社員の皆さんに聞きました！

データ&アナリティクス事業本部
クラウドインテグレーション部 第二グループ
グループ経営本部 GAIAタスクフォース
河野 大悟さん

私の場合、出社は多くても週1回です

入社してよかった点は、ワークライフバランスがとりやすいところ。私の場合、出社は多くても週に1回。自分の時間がとりやすく、リラックスした状態で仕事に臨めます。「どこでもOffice制度」があるため、日本全国どこでも働けるのも魅力です。リモートワークはコミュニケーションがとりにくいのではと思われるかもしれませんが、「NI+C Garden」を活用したイベントなどもあり、孤独感を感じることなく充実した毎日を過ごしています。

エンタープライズ第二事業本部
第三営業部 第二グループ
青木 実子さん

上司が心の変化に寄り添ってくれました

上京し、ワンルームで一人業務を行うことに寂しさを感じていました。そんなとき、「1on1」で上長が私の状況に気づいてくれて、「どこでもOffice制度」を利用するよう提案してくれました。制度を利用し、実家で業務を行うことができ、夜には家族と囲む食卓でその日の仕事について話す時間が増え、仕事に対する気持ちを高めてくれました。今後も、社内の人と交流できるイベントに積極的に参加し、上長が私にしてくれたように、メンバーの心の変化に寄り添える先輩になりたいです。

DX推進部 情報システム担当
基幹系グループ
宮武 尚也さん

社長自ら男性育休の取得を推奨しています

育休をとる男性が増えてきたとはいえ、まだまだ世間一般的には多くはないかと思います。しかし、当社の場合、男性も育休がとりやすい雰囲気があり、働きやすさを感じます。社長自ら全社ミーティングで育休取得を勧めてくれたため、全社員の意識が変化しました。健康維持という観点では、ウォーキングアプリを活用した社内ウォーキングイベントが素敵です。ゲーム感覚で健康維持に取り組める仕組みが優れていると感じます。

エンタープライズ第一事業本部
第一プロジェクト部 第一グループ　**長倉 大貴**さん

いつでも出社でき、 安心して働けます

コロナ禍での入社となり、はじめからリモートワークという環境に不安な気持ちがありました。しかし、いつでも出社できる「NI+C Garden」やウォーキングなどのリアルイベントもあり、寂しさを感じることなくマイペースに仕事に取り組むことができています。現在入社3年目で後輩に教える立場となり、業務に対する知識と経験がより一層深くなったと感じています。今後はお客さまに主体的に提案ができるSEを目指して精進します。

エンタープライズ第二事業本部
第二プロジェクト部 第二グループ　**米本 翔馬**さん

地元勤務がよい気分転換になっています

「どこでもOffice制度」を利用することで、帰省時に家族や地元の友人と過ごす時間を増やすことができました。普段は東京で一人暮らしをしているので、地元での勤務はよい気分転換になり、フレッシュな気持ちで業務に取り組むことができます。このようにワークライフバランスを重視した制度が充実しており、資格取得などの勉強に充てる時間を確保できるため、興味のある分野に関する知識を伸ばすことができます。

データ&アナリティクス事業本部
カスタマーエクスペリエンス部 第四グループ　**朝井 裕香**さん

オンオフ充実、 成長できる環境があります

「どこでもOffice制度」を活用して、地元帰省中に友人たちとアマチュアオーケストラを立ち上げて趣味を楽しむなど、入社前に想像していた以上にオンオフ充実した生活を送っています。制度だけでなく、快く送り出してくれる上司や先輩には日々感謝しています。また、私は文系出身ですが、さまざまなプロジェクトや施策に参画するチャンスがあることにも驚きました。成長を見込んでアサインしてくれる環境だと感じます。

データ&アナリティクス事業本部
カスタマーエクスペリエンス部 第三グループ　**杉山 聖乃**さん

年の半分は実家のある関西でテレワーク

2週間に1回の上長との「1on1」では、悩み事や今後の目標設定について相談できるため、モチベーションを維持しながら仕事に取り組むことができています。文系出身の未経験で入社しましたが、いまではデリバリーSEとして提案から開発まで携わることができるようになり、スキル面で成長できたと思います。「どこでもOffice制度」を利用して年の半分程度は実家のある関西でテレワークをしており、働きやすさを感じます。

COMPANY FILE | 02

PwC Japan有限責任監査法人

未来の社会の「信頼の空白」を埋める土台となる 一人ひとりのインテグリティとウェルビーイングを確立する

【 PwC Japan有限責任監査法人ってこんな会社！ 】

PwC Japan有限責任監査法人（以下、PwC Japan監査法人）は、世界151か国で監査実績を持つPwCネットワークのメンバーファームです。2023年12月にPwCあらた有限責任監査法人とPwC京都監査法人が経営統合して誕生し、両法人の強みを活かした強い組織づくりを進めています。

従来の財務情報への監査業務だけでなく、SDGsやESG、DXなどの新たな経営課題への対応といった非財務情報にもかかわる幅広い保証を担うアドバイザリー業務を提供。企業の課題解決に貢献し、社会における信頼の構築を目指しています。

その実現のため、従来の会計士を主とした組織から、テクノロジー人材も含めた多様なプロフェッショナル集団へと変化し続けてきました。多様な人材が集まり、活躍できる組織づくりの要となっている「健康経営」は、個々人の挑戦をサポートし合う社風・文化を生み出しています。

アシュアランスリーダーメッセージ

Be well, work well

「働き方」を統一するのは難しい。だからこそ、多様な声に耳を傾け、「やりたいこと」の実現を支える。

アシュアランスリーダー
久保田 正崇さん

社会に貢献できる人を育て その質を受け継ぐ

ＰｗＣ Ｊａｐａｎ監査法人が健康経営に取り組み始めたのは２０１７年。そこには、ある気づきがあったと久保田さんは振り返ります。当時、同法人は売上が急増し、クライアント数もビジネス領域も拡大し始めていました。

「売上の数字だけを見るのではなく、改めて自分たちは何を目的に仕事をしているのかを考えました。それは社会における信頼の構築、そして安心できる社会の実現です。私たちのクライアントが増え、事業領域も拡大する。それは一方で、激動の世の中で、社会に必要な信頼の確立が難しくなってきた証でもあります。そうした社会に貢献したい、誰かのためになる仕事をしたいという人の集団・組織であるべきだと再確認したのが社員・職員の健康と経営を再検証するきっかけでした」

同法人では、以前から「人は資産」を掲げていましたが、さらに「人の質」に目を向け、社会に貢献できる人財の輩出と、そうした人材を受け継いでいくサステナブルな経営の要に「健康経営」を置きました。

「働き方」とは働くときの「心の持ち方」

久保田さんのＰＣには、全職員からのメールが日々届きます。「目安箱」としてどんな意見や提案も直接届けられる制度を設けたのです。その数は月に10通を超え、年間１００通にも達します。

「会社の経営に関する提案から、消耗品の欠品に関する報告まで届きます。ほかにも職員の満足度調査を毎年実施し、数千件のコメントのすべてに私が目を通しています。そこから見えてくるのは『働き方』を統一することは難しいという現実です」

数字だけを見て働き過ぎを見落とすのは問題。一方、「思いっきり働きたい」という思いを押しとどめるのは人によっては「不満」の原因になってしまう。多様な声に耳を傾けてきた久保田さんは「健康を定義することはできない」と言います。

「大切なのは、一人ひとりが自分の望む状況で働くことができ、目標の達成が図れる会社であること。この実現には、リモートでの業務、手続きの効率化、コミュニケーションを活発にするなどの技術的な環境整備が必要です。それに加えて人と人とのかかわり方も重要と考えています」

勤務時の服装の自由化。そして、年齢・役職にかかわらずお互いを「さん」で呼び合うことの実践。さらに自分の「やりたい」を積極的に発信することが推奨されています。

「『スピークアップ』と呼び、やりたいことや改善を個々人が主体となって手を挙げ発信することです。さらに周囲が手を挙げたメンバーを受け入れ一緒に挑戦し、サポートすることで、その『やりたい』の実現を支えています。私たちは『働き方』を時間や量だけではなく、働く人の『心の持ち方』として捉え、互いにその心を大切にできる環境と組織を整えています」

多様性を強みに変える共通の思い

自分起点で仕事を考え、周囲を理解し共創環境をつくることが日常化し、よりよい働き方を話し合う機会が全社的に増えているそうです。

「チーム規模、全社規模、若手と経営者など、時には討論と言えるものも含め、誰もが意見を発し、誰もがそれに耳を傾けることが日常となりました。結果、もはや『健康』が前提であることが当たり前になり、あえて『健康』という言葉が使われなくなりました」

こうした健康経営の日常化は、トップダウンによる制度化ではなく、全社員・職員の対話の中から生まれた共通の行動規範である「Critical Few Behaviours（共通の判断軸）」にも表れています。

「この言葉には個人として自律することに加え、あらゆる可能性に挑戦すること、それを認め合う共創・協働の必要性も含みます。個性豊かな人材ばかり集まりましたが、仕事の醍醐味は何かと聞くと『仲間と仕事ができること』と声を揃えます。多様性があればこそ、つながりがないと強みを活かせない。そのことを私たちは確信しています」

私たちの価値観「Integrity」

**誠実であろうとする人が尊重される
文化と心理的安全性。**

優秀さや能力よりも あえて誠実さを求める

「Integrity（インテグリティ）のある毎日を」。これは、私たちの組織や業務の文化・特徴を共有する言葉です。「Integrity」は「誠実さ」「高潔さ」と訳されますが、同法人では一人ひとりが「自分の軸は何か」という視点で考え、それぞれが日々の矜持とすることが求められます。

社会に信頼を提供する仕事。それを担う人間もまた信頼を得なければいけない。その信頼性の源泉であり、個性豊かで多様な人材が内なる「Integrity」で起点を共にし、同じ目線で社会を見ている。互いの「誠実さ」に信頼を置き、社会のために「正しい仕事」をする。そこから生まれる心理的安全性が、職員が健康な生活を送り、高いパフォーマンスを発揮できる組織文化を醸成しています。

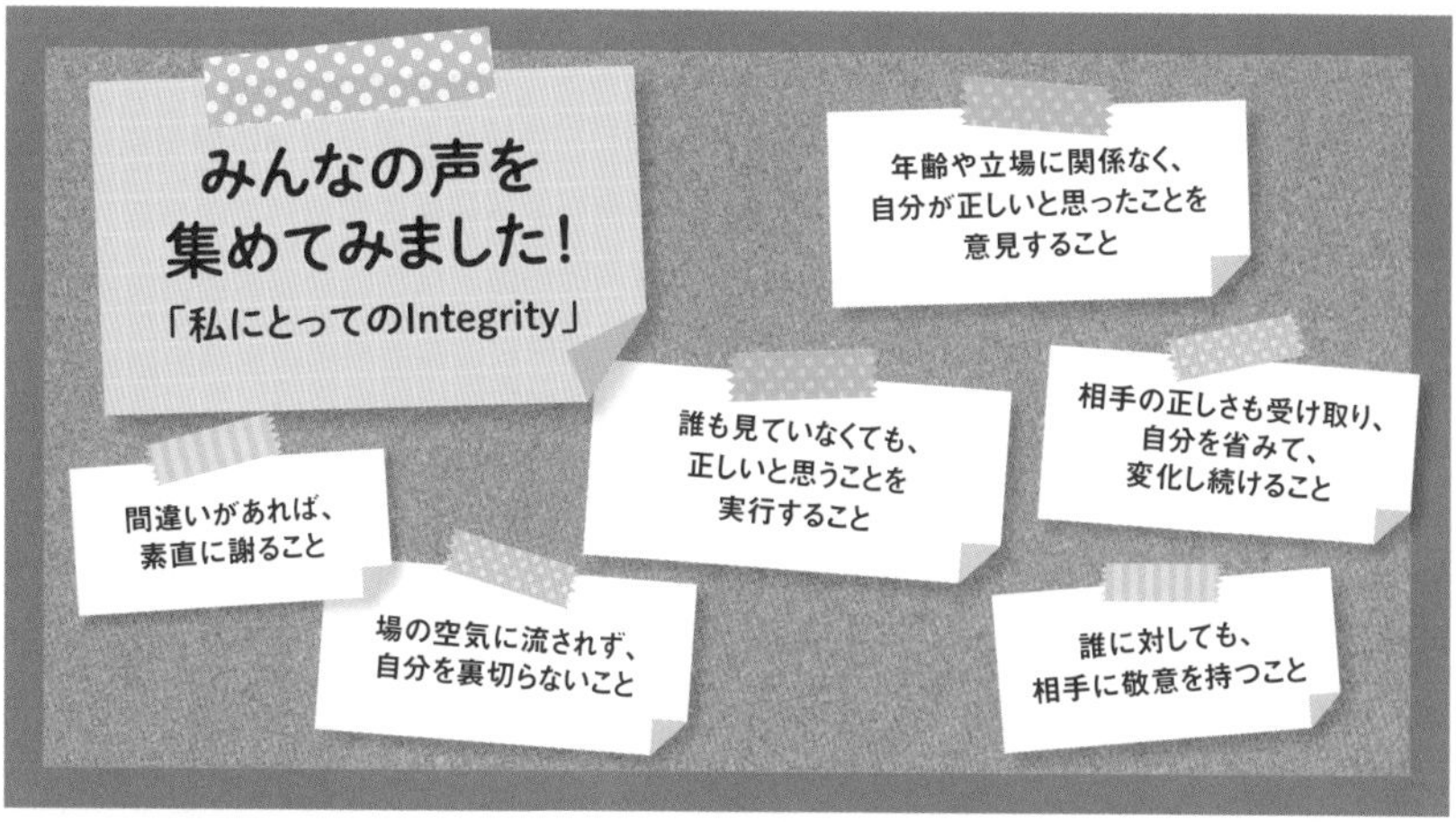
みんなの声を
集めてみました！
「私にとってのIntegrity」
年齢や立場に関係なく、自分が正しいと思ったことを意見すること
誰も見ていなくても、正しいと思うことを実行すること
相手の正しさも受け取り、自分を省みて、変化し続けること
間違いがあれば、素直に謝ること
場の空気に流されず、自分を裏切らないこと
誰に対しても、相手に敬意を持つこと

Integrity File Movie
「Integrityのある毎日を。」
生きるわたしたち

「あの人が大事にしていること」
YouTube公開中！

実際の働き方を
語ってもらいました！

自ら「プロフェッショナル」を目指す

Q 皆さんそれぞれが「自分」のワークライフバランスを図る上で、どんなときに働きやすさを実感しましたか？

久米 もともとリモートで勤務していましたが、2年前に子どもが産まれる際に1か月の有休を取得。出産から半年後、妻の復職を機に5か月間の育児休業を取得しました。上司に相談すると、制度としての手続きだけでなく事前のアサインの調整や「休んでも大丈夫だよ」という心理面も含め、気兼ねなく休める配慮をしていただきました。

福地 私の部署でも先輩たちは男女問わず育休を取得しており、生活の変化に合わせて仕事を調整していくという働き方を自然と参考にしています。

遠藤 制度があっても職場にそれを使いこなす文化がないと機能しないと思います。そこがPwCらしさですね。チームの男性たちから育休明けに「思った以上に大変だったよ！」と聞くのも発見でした。

久米 実際、仕事とはまったく異なる育児と家事の経験は想定外の学びばかりでした。子どもと3人でこれからどうやってワークライフバランスをとっていくかを夫婦で話しあえたのも育休明けの仕事復帰に役立っています。私がリモートワークでフレックス勤務も可能なので、育児に合わせた仕事が可能になっています。

佐々木 私は入社後、海の近くに引っ越しました。以前からサーフィンが趣味で、「リモート勤務が主の今なら住める！」と思って決断。毎日、早朝から海に通うことで、その後の勤務へのモチベーションがアップしています。

福地 私も学生時代から続けているダンスのレッスンを週末に継続できています。また、部門のメンバーでフルマラソンの大会出場に挑戦することになり、その練習のために同期と皇居ランを始めました。仕事以外の挑戦も同僚と楽しめる雰囲気がありますね。

遠藤 いい意味で仕事と生活の垣根がない。どちらも充実させようという共通認識が互いにあるので安心感があります。

福地 対面とリモートのハイブリッド「女子会ミーティング」が開催され、前回は50人以

サステナビリティの関連部署を志望して異動。将来、やりたいことが見えてきました。

財務報告アドバイザリー部
アソシエイト
佐々木 耀一さん
（2020年 中途入社）

子どもや家族との「生活の変化」を前提に働き方を考えられる環境があります。

京都第二アシュアランス部
マネージャー
久米 諒さん
（2019年 中途入社）

働き方についての座談会

充実した支援と挑戦の機会を通じて、

上参加しました。気軽な会話の中でも意外な内面や仕事の知識を知る機会となり、「今度、この人に相談してみよう」という新たなつながりも生まれるんです。

Q そうした社内コミュニケーションのしやすさや充実が、日常の仕事や自身のキャリア形成に役立った実感や経験はありますか？

佐々木 私は前職が金融機関だったので、年齢や役職による上下関係が強い職場でした。わからないことを気軽に聞くことができない一方で、後進を育てるための指導がありました。ありがたい環境でしたが、こちらの「知りたい」とは微妙に違ってしまうことがあるんです。ＰｗＣでは「スピークアップ」の文化があるので、自分から声を上げることが推奨されていて、私の性格にはとても合っています。

福地 コミュニケーションも対面とデジタルに差はなく、オフィスにいるときもチャットで話すこともあれば、会議室で話すこともあります。今のフェーズでやりたいことや確認したいことなど、働き方の使い分けがスムーズにできます。

遠藤 自分のライフプランを考えたときに、今が一番仕事に打ち込めるタイミングだと感じるので、目前の目標はプロモーション（昇進）。その相談を「コーチ」にもできますし、周辺に「ロールモデル」となる人がいたら相談もできます。そして、目標を掲げれば「みんな」が応援してくれるので、頑張れるんです。

久米 育児休暇をとる男性も多いので、事前に相談に応じたり、互いに業務を調整しあったり、復職後も「まだまだ大変」が理解し合えるようになりました。日々、仕事と生活のことを話す機会が増えましたね。

福地 コーチとは定期的に、「コーチランチ」をしています。仕事のことも、プライベートなことも、なんでも話し合えるので楽しみな時間です。

遠藤 仕事のことでもライフイベントのことでも、自分ひとりで抱え込まずに相談できる相手がたくさんいる場所なんです。そうしたつながりから新たなプロジェクトが発足することもあって、「人と人が社会をよくしていく縮図」のような環境ですね。

自発的な勉強会が積極的に開催されています。ともに成長し合う文化が刺激的！

ガバナンス・リスク・コンプライアンス・アドバイザリー部
シニアアソシエイト
遠藤 真帆さん
（２０１９年 新卒入社）

任されることが多いけど「わからないことは聞く」文化で自ら動く力が育ちました。

保険アシュアランス部
アソシエイト
福地 望愛さん
（２０２２年 定期入社）

「出会い」があるオフィスから コラボレーションが生まれる

コンセプトのあるフロア設計

PwC Japan監査法人のフロアは、働き方と働く場所を自由に選べるように設計されています。たとえば、気分に合わせて座る場所を決めたり、チームで集まる日、一人で集中したい日でフロアを使い分けたりしています。ここでは、3つのコンセプト「Collaboration」「Focus」「偶然の出会い」をご紹介します。

スタッフ間の協働を積極的に促すCollaborationフロア

一緒でも、一人でも。効率よく働けるオフィス環境

「Focusのフロアは静寂な雰囲気です。頑張っている先輩方がたくさんいて、やる気をもらえます」（リスク・アシュアランス部の神山仁希さん）

オフィスでは、自分の席が決まっていないため、空いている場所に自由に座って作業することができます。固まって座っているチームもあれば、それぞれが思い思いの場所で作業しているチームもあります。

フロアはコンセプトで区切られていて、「Collaboration」のフロアはもっとも利用者の多いメインフロアです。主にチームが揃って出社をする際に使用します。さまざまな事業部のメンバーが集まっているので、自分が所属するチーム以外の雰囲気はもちろん、どんな人がいるのか、どんなやりとりや会話をしているのかを肌で知ることができます。職員がどのように働いているのかひと目で見渡せる空間が、風通しのよさにつながっています。また、予定にはなかった人や思わぬ人との「偶然の出会い」が生まれるのも、ユニークなポイントです。

「Collaboration」フロアは一人でも自由に使用可能ですが、一人で集中して作業に取り組みたい、あるいは静かに黙々と作業したい場合は「Focus」をテーマにしたフロアがおすすめです。フロアの中がパーテーションで区切られているなど、一人で集中するスペースを意識されたつくりとなっています。

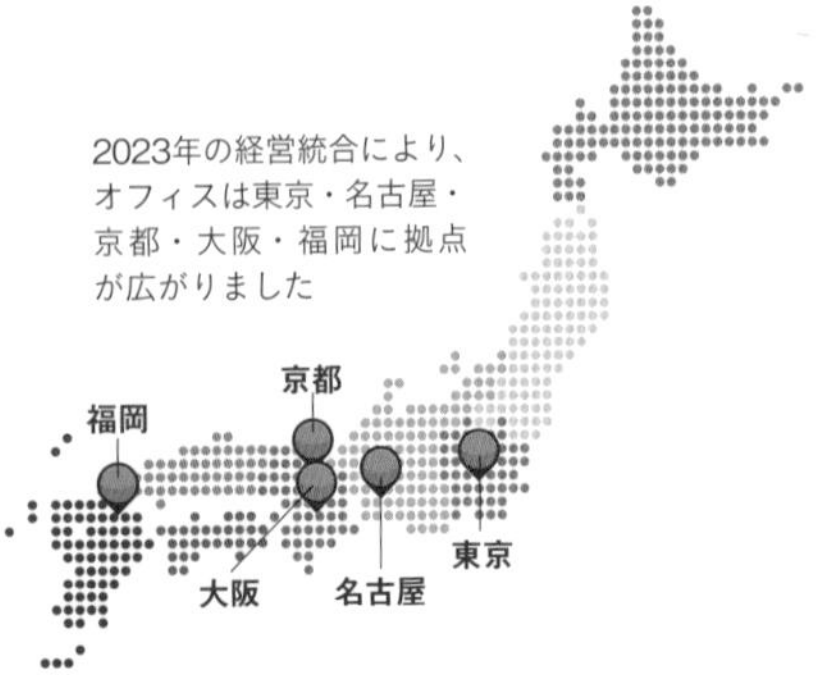

2023年の経営統合により、オフィスは東京・名古屋・京都・大阪・福岡に拠点が広がりました

社内で評判の取り組みを紹介！

仕事の合間に受けられるウェルビーイングセミナー

PwC Japanグループではウェルビーイングを Physical、Mental、Emotional、Spiritualの4つ の領域で捉えています。健康な心身があってこそ仕事や生活が充実するという考えをベースに各種施策や組織風土づくりを実践しています。

毎月、ウェルビーイングにまつわるレター配信や日々実践できるTipsのガイドブックを発行するなど、健康的なワークスタイルをサポートします。実際に、「自宅でできる初めてのピラティス」「仕事の生産性を高めるメディテーション」「自分の限界に挑戦 成果を出す筋トレ」「身近で恐ろしい子宮頸がん」「見える化で変わる睡眠習慣」「男性にも知ってほしい女性の健康課題」などのプログラムを開催してきました。

歩いて得するウォーキングプログラム

月間の平均歩数に応じてポイントがもらえる福利厚生のプログラムで、スマホやウェアラブルデバイスを持って歩くだけで気軽に参加できます。毎月、所定の1日当たり平均歩数を達成するとポイントがもらえ、そのポイントは設定されたメニューの中で利用できます。

毎日少し意識して歩くだけで、健康の底上げとともにちょっとしたお小遣いになると好評です。

感謝を気軽に伝えるプログラム

職員同士が「感謝」を気軽に伝え合い、互いにケアの精神を実践できる取り組みとして導入した独自のプログラム。

「感謝の気持ち」を伝えるメッセージとともに商品と交換可能なポイントを贈ることで、職員同士のレコグニションを促進することができるプログラムです。

「感謝の気持ち」を受け取る側は、自身の行動・言動を上司・同僚が「見守ってくれる」安心感が得られ、「感謝の気持ち」の連鎖が部署を越えた連帯感を醸成します。

「人財」を大切にするユニークな施策

**PwCでは個人の多様性と人と人同士の尊重に根ざした協働を重視。
多様な社会課題の解決に従事できる
組織を実現するための人財育成に取り組む。**

◆キャリアコーチ制度

すべての職員にキャリアコーチをアサインして、目標設定の実現をサポートします。採用時のキャリアプランを継続的に支援することで、長期的な人財育成と成長支援につながり、それが業務品質の根幹になると考えているからです。

また、組織として、そのコーチングの結果を配置やアサインメントに反映することで、職員が「自ら成長するためのコーチング」を身につけることも重視しています。

◆公募異動制度

グループ内の各法人および国内外部機関への異動希望を提出できる公募制の異動支援プログラムです。キャリア形成の選択肢が多いため、自分の意思で必要なスキルを積み重ねることができます。PwC Japanグループ内では毎年100名ほどが異動しており、応募者の約70%が異動を実現した結果になっています。

◆グローバル・リーダーシップ・プログラム

公認会計士の資格と監査経験を基礎として、海外駐在を含む業務経験や組織マネジメントなどを経験。さらに執行役から直接、経営やグローバル対応に関するサポートを受けることで、グローバルリーダーを目指す人財を育成する新卒採用独自プログラムです。会計、デジタル、サステナビリティの三要素にもとづく圧倒的な専門スキルの習得も目指します。

◆インクルーシブ・マインドセット・バッジ

多種多様な仲間がお互いにリスペクトしあうこと、そして一人ひとりがリーダーシップを発揮することをとても大切にしています。一人ひとりが自分らしく個人の能力を発揮することで、結果的に一人でできることの限界を超えていけると考えるからです。この輪をさらに大きくしていくために、私たちは多様性と幅広い専門性を持つ人財プールの構築を目指したり、「I&D（インクルージョン＆ダイバーシティ）Mindset Badge」という研修プログラムをグループ全体で展開したりしています。

執行役・人事担当・人財企画室長
奈良 昌彦さん

企業の経営環境は目まぐるしく変化し、社会の課題はさらに複雑化しています。「不確実」な未来に向かって、「信用」はますます重要な価値を持ち、PwC Japan監査法人がプロフェッショナルファームとして対峙すべき課題も多様化、高度化し続けています。

PwC Japan監査法人では、「人は資産」「人財がすべて」です。同法人の人材戦略には、人財開発室と人財企画室が連携して取り組んでいます。一人ひとりが「プロフェッショナル」であることを期待され、自身もそれに応え、成長し続けることができるような環境が用意されています。

プロボノプログラム

社会の課題を解決することで誰かの役に立つ。「働くこと」が「幸せ」に結びつく経験から、仕事の意義と価値、そして自分の役割を知る。

自分の成長が社会課題の解決に役立つ価値を生む

「社会とつながり、多様な価値観に触れることが自身の成長になること」を目的としてプロボノ活動を実施しています。社会課題の解決に取り組む非営利団体やソーシャルビジネスを約半年間にわたって支援するもので、２０１７年からスタートしました。

原田さんは、新卒研修が終わる頃、上司と今後の展望を話しあう中でプロボノへの参加を決めました。

「何も知識がない状態でしたが、企業の根底・基盤となる法人設立の知見と、事業の推進・維持に必要な資金確保の知見を貯めていきたいと思っていました。すると、地域で活動しているＮＰＯの法人設立を支援するプロボノがあるということで、上司は私の関心とこれから仕事をする上での知見が得られる現場として、勧めてくれました」

まだ何も知らない——。原田さんが抱える不安は、目線を変えれば支援先の不安そのものだと考え、自ら学び、知識や論点を整理していきました。法人化を進める上での考え方、手続き、組織の姿、自分の理解が支援先へのわかりやすさになることを知りました。

「自分が学び、成長することでお客様の課題解決に役立つものを提供できます。支援はチームとして行いますが、自分の役割を自分で見つけて、自分にしかできない仕事ができたと思います。ＰｗＣ Ｊａｐａｎ監査法人が求める多様性・自律性・相互の尊重を言葉だけでなく、手応えとして実感できた瞬間でした」

２年目はとある公益財団法人のプロボノに参加。業務プロセスのために導入しているＩＴツールの利活用に関して、今度は原田さんが支援先をリードする役割を担いました。密なコミュニケーションをとり、相手の立場になって課題を見極め、模索したことで当初の想定とは異なり、支援先の実態に沿った提案になりました。

「人や社会に自分が関わることで何か貢献できれば、自分の存在意義が生まれると思っているんです。だから、支援先も気づいていなかった課題を見つけ、新たな価値を生み出す出口の提案から得られた達成感が『仕事の喜び』を教えてくれました」

リスク・アシュアランス部
アソシエイト
原田 莉奈さん
（２０２２年 新卒入社）

COMPANY FILE | 03

株式会社あおば

圧倒的な質と量の「学び」が成長のカギ
かかわる人たちの喜びと幸せをつくる鍼灸接骨院グループ

あおばってこんな会社！

現在も代表を務める尾林さんが2000年に神奈川県鎌倉市で鍼灸接骨院を開業。「人々の喜びと幸せの創造」を理念に、「日本で一番元気な地域を創る!」をビジョンに掲げ、多店舗経営へ。鍼灸接骨院を中心に関東、北海道、沖縄、愛知に62店舗を展開しています。従業員数も500人を超えました。勢いをつけながら、かつ計画的に成長を続けています。

成長を支えているのは圧倒的な「学び」の質と量。「治療家の学びにゴールはない」という考えのもと、技術だけでなく、社会人、プロとしての考え方も学んでいきます。言葉と文字で伝えられる、「あおば流」のやり方とあり方がスタッフに共感、共有されることにより、ますますパワーアップしていきます。

幸せを創造するグループであるためには、そこで働く人も「幸せ」を感じていなければなりません。スタッフのさまざまな働き方、考え方に対応する環境や制度も整えています。

代表インタビュー

「人々の喜びと幸せの創造」理念実現のために必要なのは、人を大切にする経営

「あおば流」が詰まった2冊

あおばグループでは「経営計画書」と「フィロソフィー」の2つの冊子を毎年刷新し、従業員に配っています。「経営計画書」には、何をしたいのか、どこへ向かうのかが書かれています。そして「フィロソフィー」には、想い、考え方が記されています。計画と想い、その2つが合わさってきたと実感するようになったのは、5年ぐらい前から。ちょうどその辺から会社の成長が加速していきました。

あおばをひとつにするために必要不可欠な冊子「経営計画書」「フィロソフィー」

冊子に書かれている、たくさんの言葉や想いを、スタッフ全員に浸透させたいと思っていますが、自覚したり、気づいたりするタイミングは人それぞれで、簡単にはいかないもの。そんな中で自分の役割は、まっすぐに伝え続けること。幹部や現場の院長へ伝わり、そこから各院のスタッフへ。やがて皆から発せられる言葉も変わっていきました。

2つの冊子は、今は採用にも役立っていて、最初からあおばのやり方、考え方に共感した仲間が入社してくれています。これは成長をしていく上で大きなことでした。粘り強く続けてきたことが、実を結び始めていると、振り返ってみて思います。

人がすべて。だから人を育てる

私たちの仕事は人がすべてです。患者様の声を集めると、あおばを選んでくれる理由のほとんどが「話を親身に聞いてくれるから」「説明が丁寧だから」など人にかかわるもの。

あおばグループ代表
尾林 功二さん

「人々の喜びと幸せの創造」
理念実現のために必要なのは、人を大切にする経営

技術にも自信を持っていますが、私たちの最大の強みは働くスタッフです。ですから力を入れるべきことは、店舗拡大やメニュー開発より、人材育成なのです。

もともと私は、自分のバスケットの才能を引き出してくれた高校時代の恩師に憧れ、体育教員を目指していました。数字とにらめっこをするより、人を育てるほうが性に合っていると感じています。

私は人が成長していく姿を見ることが大好きです。なぜならその人の「幸せ」につながるからです。成長という幸せは、モチベーションを生みます。さらに、あおばは仲間の成長を一緒に喜ぶことができるグループです。皆が平等に選択肢やチャンスを掴める環境をつくることができれば自ら動き始めてくれます。

人から人へ。幸せは連鎖する

この仕事の最大の幸せは、直接「ありがとう」と言われること。体力的にきついのは確かですが、人の役に立つこと、人から感謝されることは、自分の存在価値を感じられる最高の瞬間です。

ＩＴの発達により予防や治療という分野でもいろいろ変化はあると思いますが、私たちの提供する「手当て」というのは、人がいる限りなくならないと思っています。ただ、手当てする側も人ですから、働き方も考えないといけません。

柔整師・鍼灸師の資格を取った学生が一生仕事に就けるような環境をつくりたい、とずっと思っていました。特に女性は、この仕事が好きでも辞めてしまう人がたくさんいました。ここにきて会社として力をつけたことで、スタッフのさまざまな要望に応えらえるようになってきました。結婚、子育ても喜んでバックアップすることで、産休明けに現場に復帰するスタッフも増えました。管理部門にジョブチェンジすることも可能です。

理念に掲げている「人々の喜びと幸せの創造」は、社会やお客さまに対する想いだけではありません。私や幹部はスタッフとその家族の生活の安定と質の向上、心身の健康を考えています。その想いはめぐって、あおばスタッフの言動や手当てを通して、地域やお客さまの喜びと幸せ、健康につながっていくからです。

◆　◆

あおばは思い描いていた姿に近づきつつありますが、100年企業を目指す上では、まだ通過点です。経営者として、教育者として、チャレンジしてみたいこともたくさんあります。

何かを決めるとき、考える軸になるのは「人々の喜びと幸せの創造」という理念です。表現や言葉は少しずつ変わっていくかもしれませんが、自ら直接、根気よく伝えていきたいと思っています。

「治療院全体を盛り上げたいし、恩返しをしたい」。
尾林代表は業界全体の未来についても考えています

あおばグループの考える幸せとは？

**幸せの形は人それぞれ。健康事業者としての幸せとはどんなものか？
尾林代表の言葉をまとめました。**

周囲の人々に貢献することで、自分自身も幸せになれる

私たちの目的は、働くスタッフとその家族、さらに地域社会の皆さまに、たくさんの喜びと幸せをつくることです。

そして、仕事を通じて、自分自身も幸せになることです。

幸せとは、得るものではなく感じるものと考えます。

「幸せ」と感じる心が、幸せをつくります。

どれだけたくさんのお金やモノを手に入れても、それだけでは幸せになれません。

患者様の元気な姿や仲間たちの成長、感謝の言葉を幸せと感じる心をつくること。あおばではそのことを大切に思っています。

私たちは仕事を通じ「４つの幸せ」（右上）を追求しています。これら４つの幸せは、すべて仕事を通じて得ることができます。

1. 人に愛されること
2. 人の役に立つこと
3. 人に必要とされること
4. 人に感謝されること

すなわち、仕事とは生活のためだけでなく、幸せになるためにするものなのです。

「あなたと出会えてよかった！」という声をいただけたとき、私たちは何よりも幸せを感じます。

あなたにも、自分のしたことで周りの人が笑顔になる喜び、「ありがとう」と言ってもらえる喜びを実感してほしいと思います。

誰もが幸せを感じる会社を創ろう！　立派な人間になろう！

もちろん、４つの幸せを追求するためには、治療家としても、人間としても立派に成長しなければなりません。

立派な人間とは、周りの人に迷惑をかけず、大切なことを大切にできる人です。

自分の周りすべてに「ありがとう」と言える人です。

あおばグループの仲間には立派な人間となり、立派な治療家になってほしいと願っています。

そのため、治療技術だけでなく、人間としてのあり方（人間力）を身につけてもらう教育カリキュラムがあります。正しい考え方を持っていることが、今後の人生において必ず役に立つと信じているからです。

また、理念である「人々の喜びと幸せの創造」を実現するためには、地域の方々はもちろん、まずはスタッフの生活を安定させ、質を向上させることも大切なことのひとつだと、あおばでは考えています。

スタッフに挑戦と成長の場を与え、生活水準を上げるサポートを会社で行います。

その上で、地域の皆さまの健康寿命を延ばすサポートを行います。

「誰もが幸せを感じる会社を創ろう！　立派な人間になろう！」

すべてのスタッフがこのスローガンの意味を理解し、理念の具現化に努めています。

での道 Q&A

業界屈指と呼ばれる「研修制度」からスタートし、あおばの社員はどのように学び、成長し、キャリアアップをしていくのか？ Q&A形式で探っていきます。

Q 職場はどうやって決まるの？

あおばは関東、北海道、沖縄、愛知で店舗展開をしています。働くエリアは出身も関係しますし、地方から関東に出たいという人もいれば、自然が好きで沖縄、北海道に就職したいという人もいます。本人の要望に応じて決めていきます。

Q デビューまでどれくらい？

まずは職場環境や業務に慣れることから始まります。技術面は担当の先輩が一人ずつ付き、サポートします。実際の患者様への施術は、院長のOKをもらってから。早い人は５月の末、遅くても６月中にみんな“プロ”デビューします。

Q デビュー後のサポートは？

新卒の場合、仲間と一緒にいた学校のような雰囲気から、責任あるプロになることへのギャップを感じる人も多いですが、院長や先輩、人事担当もしっかりサポートします。この業界で人事部があるのは珍しいと思います。困ったときは相談に乗ったりもしています。面談はエリアマネージャーや外部講師にお願いをして、１年目は手厚くしています。

Q 最初にすることは？

４月に入社して１か月は、本社の研修センターで、９～18時までみっちり新人研修を行います。技術だけでなく、人にかかわる仕事ですから、「人間力」や「心理学に基づくコミュニケーション」を学んでいきます。５月からは現場研修も入ってきて、現場での流れや患者様とのコミュニケーションからスタートします。6月からはフォローアップの研修になり、現場での疑問も解決してもらえます。

Q 中途でも大丈夫？

セカンドキャリアでこの道を選ばれる方、同業からの転職組も多いです。中途でも安心してください。中途の研修もそれぞれのレベルに合わせて、2週間～１か月間行っているので技術を学び直したい人にもピッタリです。社会人や他店での経験は、むしろ財産であると考えます。ぜひ活かしてもらいたいです。

プロであれ!

「プロ」になるま

私たちがサポートします!!

入社6年目で、2022年までは副院長を務めていました。そこから声をかけていただき、現在は採用人事部としてチャレンジさせてもらっています。
ここまで来るのに悩んだりつまずいたり、いろいろありましたが、そのたびに上司や先輩にアドバイスをいただきました。今度は、人事部として少しでもスタッフが働きやすくなるように私たちがサポートしていきます!

Q 技術的なサポートは?

お客さまからお金をいただいても、まだ本物のプロとは言えません。質の高い、安定感のあるパフォーマンスを目指し、学び続けることが重要です。あおばには朝の勉強会や院内、エリア内でのサポートなど、その環境が整っています。

朝の勉強会は8～9時に自由参加型のオンライン形式で実施。2023年は年に204回、週に3回ペースで行いました。各自が学びたいものを学び成長しています。

Q キャリアアップ、給料アップは?

人生設計を形にするキャリアプランが揃っています。治療家として技術を追求することも、院長、エリアマネージャーとしてマネジメントや経営の道へ進むこともできます。それぞれ達成すべき数字、レベル基準が明確で、オープンになっています。実際にそのルールのもとで院長になっている先輩たちが周りにたくさんいるということも、モチベーションにつながっていると思います。

もちろん、ライフイベントに応じて週休3日など、働き方を選ぶことができます。決めるのは自分。だからこそ、頑張れる、続けられると考えています。

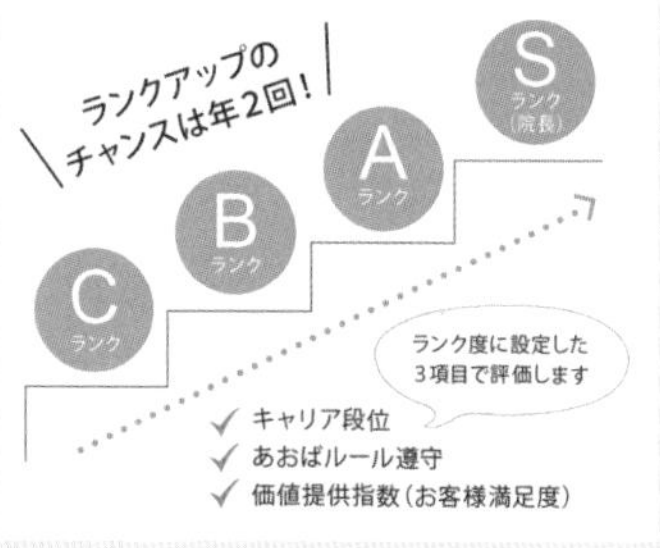

❶ 技能を評価　キャリア段位

各ランクごとに異なる項目で、技能テストを受けていただきます。

❷ 人間的成長を評価　あおばルール

あおばの理念に準じた行動ができているかを評価します。

❸ 数字を評価　お客さまの満足度

❶と❷を土台に、売上・施術人数など数字も評価対象に。

いはどこにある？

治療家の道を選んでよかったと生涯思える環境づくり

　グループ院では珍しく、役職のないベテランが現場で活躍していることは、あおばの特徴のひとつ。その大きな要因が、独自の職人制度があることです。筆記試験、技術試験、プレゼンテーション試験を通ると、「匠」の文字と★が入った制服を着られるようになります。黄金に輝くそれは治療家としての誇り。ランクが上がっていくと、給料、手当にも反映される仕組みになっており、院長やマネージャーを目指すだけなく、職人として生きるという選択肢も用意されています。

　治療家は人の身体に直接触れる仕事です。それに真剣に向き合う人ほど「正しいのか」「ほかのアプローチ方法はないだろうか」と不安になるもの。そのようなスタッフのために充実した研修制度や勉強会があり、安心感につながっています。治療家の学びにゴールはないという考えのもと、社内の講師だけでなく整形外科や内科の先生など、外部講師が行う勉強会などもあり、あらゆる方面から学ぶことができます。

　現場から上がってくる「これを学びたい」という意見、要望に対しても、バックアップは惜しみません。鑑別・スクリーニングや栄養学など幾多の学習メニューが勉強会に組み込まれており、そこで学んだことと、自身のこれまでの経験をかけ合わせることで、グループ共通の施術メニューが開発されることもあります。

　独自の理論、技術をプレゼンする会が定期的に開催されており、よいものについては技術メンバーと一緒に創り上げていきます。現場の声に柔軟に対応し、取り入れて、進化を続ける、あおばに学びのゴールはありません。

　給料の高さやステータス、興味や関心、きれいなオフィス……。働きがいを感じるポイントは人によってさまざまです。その中でも「成長している」「人や社会の役に立っている」と実感できることに重きを置いている人も多いのではないでしょうか。あおばはそれこそが「生涯治療家」として生きていく上でいちばん大切であると考えています。

教えて先輩 Part 1

あおばで感じた「働きがい」について先輩たちの声をお届けします！

エリアマネージャー 琴似あおば鍼灸整骨院 **有野 洋祐**さん

自分の努力次第で、目標や夢が広がります

今も変わらず、たとえ新卒に対してでも、代表や幹部が直接指導をしていることに大きな意味があると思います。私も治療家としての技術はもちろん、人として大切なことをたくさん学びました。たとえば、思考の始まりを「自分がされてうれしいことをする」に置くこと。患者様に対してだけでなく、家族、メンバーとのコミュニケーションの際も活きています。

学びの機会に加えて、職人制度やキャリア制度が整っているので、自分の頑張り次第で目標や夢が広がります。年齢やキャリアを問わず、あおばで働く人たちがモチベーションの高い理由はそこにあると思います。

座間あおば整骨院はりきゅう院 **髙梨 満月**さん

基礎を学び応用へ。そのバランスが魅力です

私の中では、仕事への考え方、取り組み方を学べたことが一番大きいことでした。出産後の復帰を決めたのも、人から「ありがとう」と声をかけてもらえる、この仕事を続けたいと思ったからです。現在は、自分から会社へ要望を出し、栄養について学ぶためのサポートをしてもらっています。これを自分のものにして、患者様の健康に貢献したいですし、あおばの中でも広げていきたいと思っています。生涯現役を目指します。

もうひとつ、極めるべき治療の型があることもポイントでした。しっかり型を学んでから自分の強みを加えていくことができる、あおばの魅力ですね。

院長兼エリアマネージャー 海老名あおば整骨院はりきゅう院 **佐々木 透**さん

パワフルな代表と学びと未来があります

別の接骨院で院長をしていましたが、治療家としても、人としても成長を感じられず、不安を感じていました。あおばを選んだのは、学びと未来があったから。代表のパワーと全社員が集まる総会の雰囲気に少し圧倒されましたが、それもグループの魅力でしょう。

「匠」の★を取得するための努力は、技能面はもちろん、待遇面、人間面も成長させてくれました。今は仲間たちの成長を目にすることもやりがいとなっています。入社当初目標にしていたエリアマネージャーになれましたが、それで終わりではなく、マネジメント、経営もしっかり学び、「本物」になりたいと思っています。

すさはどこにある？

「好きな仕事は続けてもらいたい」そのための環境づくり

業界では珍しく女性が多いこともあおばの特徴。女性に特化した女性スタッフだけの店舗もあります。そして、産休明けから復帰し、治療の現場で活躍している女性スタッフが多くいることにも驚かされます。

週休3日、時短など家庭や子育てと仕事を両立できる働き方に対応、規模が大きくなり、人事や経理、広報など管理部門に活躍の場を用意できるようになったことも大きく、「この仕事を好きな人にはずっと続けてもらいたい」という、尾林代表の想いがひとつ達成されました。

制度があっても、相談しやすい雰囲気や職場への愛着がないと女性の活躍、産休から復帰のサイクルは生まれないもの。あおばにはそういった風土がつくられています。「尾林代表の人柄によるところが大きいです」と話してくれたのは、採用人事兼マネージャーの倉坂航太さん。

「代表からは常に『俺に恩返しするのではなく後輩たちに返せ』『偉いわけではなく、役割としてその仕事をするからそう呼んでいるだけ』と言われ続けています。幹部やマネージャーたちも自然とそういう感覚を持ちますよね。厳しいことも言いますが、コミュニケーションをとったり、技術指導をしたり、下の世代の面倒を見るのはあおばにとっては当たり前のことです」

さらに、店舗に訪れた人事部に、グループに対しての意見や相談など話を聞いてもらえる機会も設けられています。あおばは単なる鍼灸接骨院の集合体ではなく、そこで働く者が一体感を持ち、成長を続けています。

大船にある本部には各店舗のスタッフの顔写真が。ここにも一体感を感じます

充実

16の手当を紹介！

地域貢献手当	ボランティアやトレーナー活動への参加者に支給
里帰り手当	地方の地元に里帰りする社員に支給
お正月手当	年中無休の店舗で1月1日～3日に出勤した社員に支給
仲間紹介手当	新しい人材の入社に協力した社員に支給
新卒応援手当	入社のために引っ越してくれた社員に支給
エース手当	月にお客さま満足度目標を達成した社員に支給
王者手当	月間最高売上を更新したスタッフへ支給
講師手当	社内外での研修や勉強会で講師を努めた社員に支給
結婚おめでとう手当	入籍した社員に手渡しで支給
出産おめでとう手当	自身もしくは配偶者が出産した社員に手渡しで支給
家族手当	子供1人につき手当を支給
住宅手当	世帯主である社員に支給
暖房手当	北海道在住の者に、11～4月の半年間支給
管理資格手当	院のレセプト担当者に、月の売上に応じて支給
副院長手当	補佐役として毎月支給
トリガー匠手当	トリガー指圧の匠に認定されると以降、毎月支給

採用人事兼マネージャー
倉坂 航太さん

MVP
新人賞、
チーム賞などの
表彰制度も!

教えて先輩 Part 2

あおばで感じた「働きやすさ」について先輩たちの声をお届けします！

院長 湘南マザーズビューティ鍼灸整体院 **長岡 詩織**さん

女性も活躍できる、働きやすい環境です

ほかの接骨院やリラクゼーションサロンを経験したあと、あおばに来ました。もともと女性比率が高いことに興味を持っていたのですが、見学に行った店舗の院長が出産後にその役職に就いた方でした。女性でも、出産後でも、院長になれるのだと知り、その姿が自分の決断を後押ししてくれました。

「接骨院は休みづらい」というイメージもあるかもしれませんが、その点も柔軟に対応してくれます。実は挙式予定があるのですが、その前後で大型の休みをとることができました。コミュニケーションを何より大切にするあおばなので、休みのことも含め、こちらの要望や意見を言いづらい雰囲気は一切ありません。

経塚あさひ整骨院はりきゅう院 **金谷 凌汰**さん

沖縄で充実した日々。里帰り手当にも感謝

大阪出身ですが、沖縄勤務を希望しました。事前に職場となる院の雰囲気やスタッフと話す機会もありましたので不安はありませんでした。院長はじめ先輩方はもちろん、人事部のサポートも心強いものでした。帰省時に補助が出る里帰り手当もありがたかったです。

本部主催の勉強会以外に、沖縄エリアのスタッフだけで行う会も月に3～4回ほどあって、学び、交流の機会も充実しています。休日やリフレッシュ休暇を活用し、車でいろいろなところを回り、患者様と地元トークもできるようになってきました。もっと患者様を笑顔にできるよう、技術を磨き、人間的にも成長していきたいです。

業種・職種も拡大中です!!

グループの発展によって、人事部をはじめ、マーケティング、広報、ECサイト運営などの職種も増えています。

100年続く企業を目指して、「幸せ」や「健康」というテーマを軸に、さまざまなチャレンジをしています。

沖縄エリアでは新たにストレッチ専門店「GT」を展開中

女性スタッフだけの女性のための「湘南マザーズビューティ鍼灸整体院」

COMPANY FILE | 04

ユニアデックス株式会社

役員と社員の対話が生む働きやすさと一体感
社会に感動を提供するICTインフラサービス企業

［ユニアデックスってこんな会社！］

ユニアデックスは、日本ユニシスのネットワーク事業とサポートサービス事業を引き継ぎ、１９９７年に創業しました。ＢＩＰＲＯＧＹ（旧：日本ユニシス）グループの一員として事業を拡大し、金融、製造、流通、交通、学校、医療、公共、通信など幅広い分野のＩＣＴインフラの設計から導入、構築、保守運用にかかわり、豊かな社会の創造に貢献しています。

近年は、変化するビジネス環境に柔軟に対応し、お客さまのクラウド利用を後押しするサービスや、ＡＩ活用、ＤＸ支援などに力を入れており、社員は「ＩＴスペシャリスト」として、常に前向きに仕事に取り組んでいます。健康経営には２０１７年から注力し、７年連続で「健康経営優良法人（大規模法人部門）ホワイト５００」の認定を受けています。

長年にわたって培われてきた技術や経験を社員同士が共有しようとする学びの社風も、同社の技術者が高く評価される理由です。

業務執行役員に聞く!

ユニアデックスが目指す 健康経営の先にある未来

ユニアデックスでは、人と会社を輝かせ、社会の幸福につなげるために健康経営に取り組んでいます。業務執行役員の高柳陽子さんにお話をうかがいました。

能動的に働きがいを追求し、「幸せな状態」を創り出す

人と組織が意識づけや働く環境次第で大きく変化し、輝きをまとう瞬間を目の当たりにしてきました。変化するタイミングやきっかけはさまざまですが、いずれにおいても社員が自ら考え、行動することが起点になっていました。

当社の健康経営施策は、社員自らが能動的に働きがいを追求し、「幸せな状態」を創り出していくために存在します。「社員一人ひとりが個の強みを活かし、最高のパフォーマンスを発揮すること」を目的にしており、そのための職場環境づくりを積極的に推進しています。

たとえば、社員がユニアデックスで働くことの意味を見出し、自身の成長と会社の成長を重ね合わせていくために、「ユニアデックス・フィロソフィー(次ページ参照)」を軸に据えています。これは社員にユニアデックスで働くことを選択し続けてもらうためにも欠かせない施策です。

社員と会社の相思相愛の関係はお客さまや社会に連動していく

多様な個性・才能を持つ仲間とともに、軸を保ちながら価値創造に取り組み続けている組織で働く経験は、社員にとって大きな財産となりますし、お客さまの期待を超え、感動を与える下地にもなります。

なぜなら、魅力的な組織や人は会社全体の創造性や躍動感に大きく影響するからです。そうした状況を長く継続していくためにも社員には自分自身の強みを活かし、「なりたい自分」に向けて、学習や挑戦を続けてほしいと願っています。

そして、組織の中で何ができるかを自問し、試行錯誤しながら結果を出していくすばらしい経験をたくさん積んでもらいたいと思います。それは、社員と会社が相思相愛の状態になっていることを意味します。

会社の成長は社員の成長と連動し、お客さまや社会の幸福にも連動しています。そこに健康経営の本質があると思っています。当社は今後も人や組織を魅力的に輝かせることで、会社の成長、ひいてはお客さまと社会の幸福につなげていきます。

学習や
挑戦を続ける人が
活躍できる
環境があります

業務執行役員 人事部担当
高柳 陽子さん

フィロソフィーの浸透とビジョンができるまで

企業の根幹となる考え方を示す「フィロソフィー」やこれからの「ビジョン」を大切にすることは、働きやすい環境の整備につながります。ビジョン策定の裏話を働きがい推進室メンバーに聞きました。

役員と社員の対話を通して新たなビジョンを策定

当社では、「働きがいのあるいきいきとした会社」にすることを目標のひとつに掲げています。その実現に向けてどのような組織を目指すべきなのかを検討するため、2019年に「働き方風土改革プロジェクト」を発足し、企業としてのあるべき姿を検討してきました。

このプロジェクトの一環として、当社が掲げている「ユニアデックス・フィロソフィー」の中の「ビジョン」の文言を一新するプロジェクトがスタートしました。

策定にあたっては、組織の価値や目指す方向性について社員同士で意見交換をする「ビジョン対話会」を実施。対話会に参加できなかったメンバーの意見も反映できるようにほぼ全社員からアンケートをとり、それをもとに約1年かけてビジョンの文言を考えていきました。

そして、2021年に新たなビジョン「未来のデジタル社会に『ほっとする幸せ』を創ります。ムズカシイを楽しもう！」を発表。社員からは「自分たちで決めた言葉だからなじみが持てる」「チームで課題について話しているときに、合言葉のようにして士気を高めている」、役員からは「社員から『ほっとする幸せを創る』という言葉が出てきたことに感動し

働きがい推進室とは？

2021年4月に「働き方風土改革プロジェクト」の推進を目的として、人事部内に発足。社員がこれまで以上に働きがいを持って活躍できるよう、健康経営施策のほか、「役員と社員の対話会」「女性対話会」など、さまざまなプロジェクトを進めています。

室長の大津さんは、「何に働きがいを求めるかは人それぞれ異なります。社員一人ひとりが求めるものを組織の中でどう実現していくかを議論して、実現に向けて取り組んでいける専門的な部署があるのは当社の大きな強みです」と話します。

人事部 働きがい推進室 室長
大津 麻由美さん

働きがいのある
いきいきとした会社を
目指しています

人事部 働きがい推進室
大根田 弥生さん

役員と社員の
距離感が近いのも
当社の特徴です

た」といった声が寄せられました。

自分たちのありたい姿、目指すべき姿について社員一人ひとりが考えることで、ビジョンを自分事として捉えることができるようになったと思っています。

創立30周年に向けて 役員と社員の想いをひとつに

当社は2027年に創立30周年を迎えます。それに先立ち、2023年から役員と社員で「ユニアデックス・フィロソフィー」について意見交換をする「対話会」を実施しました。役員がフィロソフィーに対する考え方を披露し合ったり、普段の仕事でフィロソフィーを体現したエピソードを振り返りながら、議論を深めました。

対話会はオンラインでも開催し、全国から社員が250名以上、業務執行役員以上の役員が20名参加。社員からは「改めていい会社だと思えた」「フィロソフィーについて考える中で、もっと自分たちにできることはあると前向きになれた」などの声が上がり、部署をまたいだ横のつながりも生まれ、モチベーションを高める機会となりました。

役員が自ら勉強会で議論を重ねる

社員との対話会に臨むために真剣

半日かけて企業価値を再考

フィロソフィー浸透のために、田中建社長も率先して対話会に参加

が仕事と人生を豊かにする

どんなに充実した制度があっても
活用しやすい風土がなければ意味がありません。
人事部部長の大河内真樹さんは
「両方を兼ね備えているのがユニアデックスの強み」
と話します。

人事部 部長
大河内 真樹さん

社員みんながいきいきと働いているから、オフィスには自然と笑顔があふれる

社員の7割はテレワーク サテライトオフィスも活用

時間・場所に制約されない働き方の実現を目指し、約7割の社員はテレワークで業務を行っています。テレワークから出社に切り替えている企業が多い中、全社員が自分の意思で出社するかどうかを決めることができるのは、働きやすさに直結していると考えています。

とはいえ、新卒や入社間もない社員の中には、出社しないと同期や先輩と仲良くなれない、上司に気軽に相談しにくいという声もあるため、入社前の内定式や入社式、配属前の集合研修はすべて対面で実施し、コミュニケーションを図れるようにしています。

会議の際は、オフィスに出社して会議室から参加する社員と、自宅からオンラインで参加する社員が混在しているため、本社に「ハイブリッド会議室」を整備しました。大画面多様な社員の活躍を推進!

「充実した制度」×「活用しやすい風土」

モニターのほか、発言者を感知して追ってくれるカメラやマイクなどが整っているため、それぞれが最適な場所で働きつつ、ストレスなくコミュニケーションを図ることができます。

また、東京都内には大手町と新宿、関西には京都と神戸にBIPROGYグループ専用のサテライトオフィスもあります。社員はお客さまとの商談や短時間のワークに利用しています。

お客さまと一緒にDXについて考え、新しい価値を生み出すために、東京・丸の内に共創スペース「ACT+BASE@丸の内」を開設。動画撮影やオンラインイベント配信ができるスタジオ、展示スペースを有しており、ワークショップやセミナー利用のほか、さまざまな用途で活用しています。アロマの香りや自然音が心地よいこだわりの施設内で、お客さまとともに、リラックスした気持ちでアイデアを発想することができます。

充実した福利厚生と休暇制度 社内には診療所やマッサージも

本社ビルには「BIPROGY診療所」があり、内科、消化器科、循環器科、皮膚科などの医師が日替わりで常駐しています。勤務中に体調が悪くなってしまったときにすぐに受診して休養できるほか、薬も処方してもらえます。また、マッサージ師が常駐しているため、勤務時間内にマッサージを受けることもできます。

福利厚生に関してもさまざまな制度を設けています。当社の特徴はそれらを利用しやすい風土が醸成されていることです。たとえば、産前産後休職はあわせて9か月間(労働基準法で国が定める日数の3倍)を取得できますが、「業務のことが気になってゆっくり休めない」という状況を避けるために、できるかぎりのサポートを行っています。

産後休職のあとは育児休暇になりますが、お子さんが2歳の誕生日を迎える前日まで何度でも取得可能です。保育園入園の都合で実際に2歳まで休職する社員は多くはないものの、本人の希望があれば周囲の理解が得られる風土があります。

本社ビル1階にあるフリースペース

ACT+BASE@丸の内

栄養満点のメニューが人気の社員食堂

多様な社員の活躍を推進！

「充実した制度」×「活用しやすい風土」が仕事と人生を豊かにする

男性育休に関しては、子どもが生まれた男性社員のうち約40%が取得（2022年度実績）。期間は1～2か月が多く、お子さんが熱を出したときなども、休暇制度などを利用して男性社員が休むことが増えました。

有給休暇の取得率も85・9%と高く、多くの社員が制度を賢く利用して仕事と家庭の両立を図っています。有給休暇に関しては、通常2年以内に消化しなければ消滅してしまいますが、当社の場合、未消化分の有給休暇を60日分は貯めておき、傷病時や子どもの看護、親の介護など一定の条件で使用できます。有給休暇は新卒・中途採用者ともに、入社日から付与しています。

「自己申告制度」や「社内求人」で自律的なキャリア形成を促進

当社では年に1度「自己申告制度」があり、上司へ異動の希望を伝えることができます。実際にこの制度を利用して、システムエンジニアがセールスエンジニアに職種変更するなどの例があり、社員一人ひとりが希望のキャリアを実現できるようにサポートしています。職種変更はこのほか、社内求人に応募して異動することもでき、社員の自律的なキャリア形成に貢献しています。

企業力を向上させ、お客さまに満足していただける商品・サービスを提供するためには、社員一人ひとりの健康や人生を支える体制と、モチベーション高く働ける職場環境が整っていることが不可欠だと考えています。

NIPPON ITチャリティ駅伝に出場

CLOSE UP
女性対話会

全国各地から女性社員が参加し、女性ならではの働く悩みを共有！

全社員のうち女性が約２割という同社。育児とキャリアの両立、健康面など女性ならではの悩みを共有し、より働きやすい組織を目指すため、2023年に「女性対話会」を実施しました。

この日は地方からも多くの女性社員が本社を訪れ、テーマごとにグループをつくり、約３時間にわたって語り合いました。

イクメン社員が語る!

育休取得から復帰までのフォローアップ体制

ユニアデックスでは、育児・介護休暇などを取得しやすくするために、取得から職場復帰までの相談・支援体制を充実させています。育休明けの男性社員２人に感想を聞きました。

次男が生まれたときに半年間の育休を取得しました。今の部署には育休を取得した上司や同僚がたくさんいて、上司も育休取得をすすめてくれたので、休暇をとることへの不安や抵抗感はありませんでした。最近は私と同じように「せっかくの制度を積極的に活用しよう」と考える若手が増えたように思います。

育休に入った直後は、仕事のことが気になり、チャットをのぞいていましたが、仕事の関係者が連絡を控えてくれたおかげですぐに仕事を忘れて育児に集中できるようになりました。育児にかかわるようになり、復職後は残業をなるべくせず効率よく業務をこなすことをいっそう心がけるようになりましたね。仕事を一人で抱え込まず周りに助けてもらおうと思うようになり、要領がよくなりました。

育児を経験すると
仕事の要領が
よくなります

アカウントサービス第三本部
クラウドサービス部
（関西支店内）
加藤 聖治さん

私はこれまで育休を2回取得しています。1回目は双子が生まれ、妻の体調を気遣い１か月の休暇をとりました。上司のお子さんも双子だったため理解があり、背中を押してくれました。育休中はお客さまのケアが心配でしたが、グループリーダーを筆頭に仲間がしっかりカバーしてくれたので、大きな問題はありませんでした。

２回目は４人目の子どもが生まれた際に２か月間取得しました。大きな心境の変化は、「長い人生、ほんの数か月なら休んでも仕事はなくならない。復帰したらまた頑張って取り返せば大丈夫」と考えられるようになったことです。むしろ、新生児から乳児期の限られた時間を共有できないことのほうがものすごくもったいないと思うようになりました。

上司が
育児に専念
できました

サービスプロバイダ
第一営業部 第三営業所
山田 達史さん

※QRコードを読み取ると２人のより詳しい育休体験談記が読めます

IT未経験者でも万全のサポート！「ユニアデックスアカデミー」の育成力

独自のプログラムでIT未経験者でもプロフェッショナルへ育成するユニアデックス。その仕組みを紹介します。

ユニアデックスでは、2016年度より「ユニアデックスアカデミー」を創設しました。エンジニア、セールスなど職種ごとの専門スキルだけでなく、マインド、ビジネススキルなども含めた総合的かつ実践的なプログラムにより全社員の成長を図っています。

目指すスキルごとに「専門力」「人間力」「実行力」に分け、高い専門性とともに高い志を備えた人材を育成しています。

入社後新人研修では、職種共通の合同研修と職種別研修を経て、約1年間にわたり現場でOJTを実施。新人研修期間中に改めて配属に関するヒアリングを行い、配属先・職種を決定します。きめ細やかな研修により、自分では気づかなかった適性がわかることもあります。

この研修はIT技術の基礎固めができるため、ITの知識を持っていない方でもしっかりと技術の基礎を習得したうえでエンジニアとして現場へ配属されます。出身学部にかかわらず、自分が何をやりたいのか、どんなことに適性があるのかを把握し、自身の可能性を追求できます。

配属後もユニアデックスアカデミーの教育体系に沿った研修プログラムを用意。年代にとらわれず、いつまでも社員が成長していくことを支援します。

ユニアデックスアカデミーの教育・研修体系

体系	ラーニング		イノベーション活動
	専門力	人間力	実行力
	マーケティングスキル	コミュニケーション	オフサイトミーティング（風土改革実践）
	セールススキル	リーダーシップ	フィールドワーク（スタートアップ体験）
	エンジニアスキル	全体思考、問題解決力	他流試合（共創体験）
	経営管理スキル	ビジョン、戦略構想力	海外派遣（グローバル体験）
		より良い企業風土	・・・
		キャリア開発	

ユニアデックスで活躍している社員が語る

いきいきと働ける理由

ユニアデックスがお客さまから評価され、常によりよいサービスを提供し続けられる秘訣とは？　仕事のやりがいや働きやすさを聞きました。

DXシステム改革推進部 部長
高畑 浩史さん

私の部署は3年前に新設され、当初は「はじめまして」同士の集まりでしたが、真面目で誠実、それでいて気さくな人が多く、すぐにメンバー同士で打ち解けることができました。年齢・性別・過去の経歴において多様性のある部署ですが、チーム一丸となって仕事に取り組んでいる点が強みです。「新しいもの」に触れる機会も多く、モチベーションにつながっています。

人事部 人事室
前田 北穂さん

社員に寄り添った人事制度や福利厚生が整備されており、フレックスタイムなどを日々活用しています。上層部の方々を含め、一緒に仕事をする仲間がさまざまな意見を受容し合う環境もあるため、新たなチャレンジの場や成長機会には積極的に背中を押してくれます。こうした社内の雰囲気はとてもありがたく、自律した考えを持ち行動できるようになったと感じています。

ビジネス企画推進部
リカーリングビジネス推進室 室長
古田 佳世さん

価値観を共有する風土が醸成されていることで、社内の上司・部下、役員の方々とも気軽にコミュニケーションがとれ、関係性が近いところが、他社にはないよさだと思います。また、「若手だから」「経験がないから」といった決めつけはなく、誰もがチャレンジする機会を得られる環境が、自身の成長につながっていると感じています。

ソリューション営業本部
第一営業部 第二営業所
菊地 七海さん

教育体制と社内の風通しのよさが働きやすさの要素のひとつだと思います。コロナ流行初期の入社でしたが、オンライン研修への移行が迅速で、その後のフォローまで充実していました。配属先は社員がお互いを尊重し、上司部下にかかわらず気軽に意見・相談が可能な環境です。社員が協力し合う「助け合い精神」を学び、一歩成長することができました。

アカウントサービス第二本部
システムサービス二部 四課
斎藤 康平さん

お客さま案件を常に自分事として対応している人が多く、私自身も「自分事マインド」が身につきました。ビジネス系・技術系を含めたさまざまな研修が充実しているため、専門性を磨くことができます。さらに、出社・テレワークのハイブリッドワークが定着しており、働く環境の自由度が高く、娘が産まれた際には半休・時間代休などの制度を利用し、柔軟に働けました。

経理部 業績管理室
姚 紅さん

コロナ禍での中途入社で会社に馴染めるか不安がありましたが、会社の仕組みや業務内容を丁寧に教えていただき、スムーズに業務に入れました。2児の母の私でも子育てと両立しながらプロジェクトリーダーに挑戦できたのはテレワークのおかげ。プロジェクトの進捗に課題があったときは、上司や同僚ばかりか他部門からも支援がありました。

COMPANY FILE | 05

株式会社 J-POWERビジネスサービス

従業員目線の環境づくりで
仲間の笑顔が広がる企業！

J-POWERビジネスサービスってこんな会社！

J-POWERビジネスサービス（以下、JPBS）は、IT・エンジニアリング事業、クリエイティブ事業、シェアードサービス事業、燃料ロジスティクス事業、およびウェルビーイングサポート事業を行う会社です。エネルギー事業を基盤にしたJ-POWER（電源開発株式会社）グループの一員として、多様な事業分野でのサービス提供を通じて、グループミッションである電力の安定供給に貢献しています。

従業員を「人財」と考えるJPBSでは、健康経営を重要な経営課題と位置づけ、従業員の心身の健康づくりに取り組んでいます。

2023年には「ウェルビーイングサポートセンター」を立ち上げました。J-POWERグループにおける従業員はもちろん、その家族まで含めて、心身の健康づくりに向けたさまざまな施策を展開し、グループ全体の持続的なビジネスと業務拡張に大きく寄与しています。

J-POWERグループ全体に貢献する健康経営とは?

自社の強みでグループ7,000人が健康的に働ける環境を育む

2023年に、社内に「ウェルビーイングサポートセンター」を発足。その背景についてうかがいました。トップや人事担当者の知識や理解が不足するとうまくいかないのが健康経営。経営を担う山内さんの、従業員の健康を支えるための気概を感じるインタビューです。

「働く仲間の日常を支える」という経営資源を活かして

約7000人の仲間が働いているJ-POWERグループでは、「治療から予防へ」を合言葉に、グループ従業員とその家族の心と身体の健康づくりを推進しています。

この推進においてJPBSでは、もともとJ-POWERグループの厚生施設（社員食堂・寮など）の運営、シェアードサービス、IT・エンジニアリングといった仕事を通じ、従業員の生活・職場・各種システムを支えてきた実績があり、それが貴重な経営資源として蓄積されていました。

このように、働く仲間の日常を支えるノウハウを持ち、データ分析などIT技術も駆使できる当社であれば、細やかな目配りと客観的情報が相まって、J-POWERグループ全体の健康経営を進める共通基盤になれるのではないか。そんな発想から、事業としてスタートさせたのは2023年。まだ立ち上がってからの期間は短いですが、JPBS内に新部署として「ウェルビーイングサポートセンター」を設立し、活動しています。

身体・心・環境・家族を大切に

J-POWERグループの共通基盤として当社が貢献するだけでなく、当社ならではの活動もあります。それは、次の「4つのK」を重視した施策です。①身体（からだ）：「食」を通じた健康づくりのサポートと、運動・各種検診受診の奨励。②心（こころ）：在宅勤務など働き方の変化も踏まえ、メンタルヘルスケアを重視。③環境（かんきょう）：誰もが安心して働ける、

JPBSの経営資源を活かしてグループ全体の健康を支えます

取締役執行役員
総務部長
山内貴順さん

良好な職場環境づくり。④家族（かぞく）：従業員本人だけでなく、家族も一緒に健康づくり。

こうした考えのもと社内で行ってきた取り組みが評価され、経済産業省による「健康経営優良法人（大規模法人部門）」に2022年、2023年と2年連続で認定されています。

健康データを分析し今までにない細やかな支援へ

これまでも、法定健康診断の100%受診はもちろん、生活習慣病とメンタルヘルス不調に対する予防や、人間ドックの受診率向上などには、当社をはじめJ-POWERグループ全体で力を入れてきました。ですが、それらはグループ各社や働く職場の特性までには必ずしも踏み込んでいない、やや画一的な対応でした。

ウェルビーイングサポートセンターでは、さらに幅広い支援を目指しています。

たとえば、東京本店と全国にある発電所などの現場、あるいは海外事務所では、必ずしも働き方が同じではありません。したがって、働く環境によって、従業員の健康特性にも変化がみられると仮定すると、そのような傾向をつかんで分析し、勤務地点ごとや仕事の特性ごとにきめ細やかな健康サポート体制を構築していくことが望ましいです。

従業員に安心して長く健康で働き続けてもらうためには、働く場所や人など、環境に応じた心身のフォローをしていかなければならないと考えています。そこで、課題抽出をするために、まずは当社と親会社のJ-POWER、2社分の健康診断データやストレスチェックデータを集め、分析することにしました。

現在は、保健師、管理栄養士、システムエンジニア、事務職という多彩な職種のメンバーがチームを組み、それぞれの専門性や得意分野を活かしながら、このミッションを進め、同時に、社内に対しては健康に関するイベントや施策なども行っています。

安全と健康で持続可能な事業成長を

私たちには、さまざまな仕事を通じて、電力の安定供給を支える使命があります。「安全」に働くのと同じように、「健康」で働き続けることの大切さを、データに基づいて見える化し、一人ひとりの健康意識を高めていきたいと考えています。

JPBSが、これまでの事業を土台にして、新たな挑戦も積み上げながら、J-POWERグループ全体の健康経営に取り組む役割はとても価値の高いものです。将来的には、J-POWERグループの仲間が、どの会社で働いても高水準で共通した健康サポートを受けることができ、グループを支える「人財」としてどの職場でも活躍できる環境を整えていきたいと考えています。

健康経営を推進する柱となる JPBSの「4つのK」

❶ 身体（からだ）	「食」を通じた健康づくりのサポートと、運動・各種検診受診の奨励
❷ 心（こころ）	在宅勤務など働き方の変化も踏まえ、メンタルヘルスケアを重視
❸ 環境（かんきょう）	誰もが安心して働ける、良好な職場環境づくり
❹ 家族（かぞく）	従業員本人だけでなく、家族も一緒に健康づくり

ウェルビーイングサポートセンターに突撃取材!

グループ全体の健康を支える基盤づくりは関係者との積極的なコミュニケーション

**J-POWERグループ全体の健康データを把握・分析し、
きめ細やかな健康サポート体制を構築していくという大きな目標に向かって、
従業員がより安心して働くことができる環境を目指している
ウェルビーイングサポートセンター。チームメンバーの仕事ぶりを取材しました。**

大切にしていること

従業員の声から課題や改善点を確認!

施策は「行う」だけでなく、その効果を把握することに重点を置き、PDCAサイクルをまわしています。そのために、従業員一人ひとりの声に耳を傾けることを大切にしています。イベントなどの振り返りや次に活かすための聞き取りを行い、気づきや反省点を取り組みに反映しています。

欠かさないこと

健診、ストレスチェックの着実な実施

JPBSと親会社のJ-POWER、2社分の健康診断やストレスチェックを実施。確実に全員が受診するよう、積極的な声かけとメールなどでのアナウンスによって周知徹底を図っています。また、ストレスチェックで浮かび上がった課題を翌年度の社内研修のテーマにするなどの工夫を行っています。

私たちの強み

多彩な顔ぶれによる視野の広い施策の検討

メンバーは、保健師、管理栄養士、システムエンジニア、事務職で構成しており、施策立案の際にはそれぞれの視点から幅広く意見を取り入れることが可能です。課題の把握、計画、成果の目標などをメンバーで共有しつつ、職種の強みを活かせるような役割分担を意識しています。

メンバーの皆さんに質問!

発足から約半年で多くの施策をスピーディに実現できている理由は?

施策を行う際、担当者一人だけに任せないように、そのテーマに応じたメンバーを選び、チームをつくっています。検討する時間も必要ですが、役割分担を明確にしてチームで作業することで、スピードとの両立を図っています。また、できたばかりの組織だからこそ、丁寧なコミュニケーションを心がけています。打ち合わせはこまめに行うため、イベントを経験するごとにチームワークがよくなっている実感があります。

取り組みPick Up「働く日常で健康になる」

持続的&多面的な健康サポート! 充実のウェルビーイング施策

健康に関するセミナーやイベントを次々に実施しているJPBS。働く人のさまざまな状況を確認しながら、“関心が高く、参加しやすい”取り組みを企画しています。ウェルビーイングサポートセンターの田辺さんに社内施策のポイントをうかがいました。

2023年に評判だった取り組み Good Contents

女性の健康課題を見つめ直す取り組み

fermata

日本・アジアのフェムテック市場をリードするfermata株式会社と共同で、更年期にスポットを当て、医師を招いたセミナーを実施しました。男女問わず、女性特有の健康課題を理解してもらい、その解決につながる必要な支援に向けて、現在具体的な施策の準備中です。

睡眠改善セミナーで睡眠の重要性を実感

講師を招いて睡眠改善セミナーを実施。さらに不眠に悩む従業員18名に対し、睡眠データの計測とインストラクターによるアドバイスをしました。改善が見られ、大変喜ばれました。

「健康測定会」で高年齢者の健康意識UP

歩行姿勢のクセやバランスをチェックする「健康測定会」を開き、歩き方の意識向上を図りました。特に高齢の社員にとっては、転倒や怪我予防に役立つと、大盛況でした。

ウェルビーイングサポートセンター
田辺 莉沙さん

上記のイベントを含め、取り組みを絶やさず手際よく、柔軟に展開し続けているのが他社には例をみないJPBSならではの動きです。働く従業員は、どういった悩みや関心を持っているのかを知るためにも、イベントごとに丁寧にアンケートをとることも重視。「今後も自社の強みを活かしながら、従業員自身に気づきを与えて、行動変容を促すような施策を進めていく予定です」と、田辺さん。

自社の強みとは何か?「当社は、管理栄養士の国家資格を持つ社員や高いIT技術を持ったエンジニアが多く在籍しています。そのため、健康に配慮した食事メニューの提供や、栄養管理に関する啓発・指導、総合寮食事支援システムの開発・運用ができるという強みがあります。こうした取り組みをまずは自社で定着させながら、J-POWERグループ全体へと広げていくことで、さらなる価値向上につなげていきます」。

取り組みPick Up「エンゲージメントを向上する」

前向きな気持ちで働くために。心の豊かさを育むキャリアウェルビーイング

人を「財」と考え、「人財」を大事にしているJPBS。社員が持つ能力・実力を段階的に高めていける環境をつくるために、会社・従業員の両者を主体に置いた人財育成計画を掲げています。総務部の茂木さんに、そのポイントをうかがいました。

人財育成制度を紹介 **Good Support**

総務部
茂木 悠治さん

Point 1 個々の学びに合わせた研修や支援の充実

経験の段階や目的に合わせたキャリア形成をサポートしています。段階別では、「5年目研修」「管理職研修」「ビジネスリーダー研修」「キャリア＆ライフデザインセミナー」などがあります。目的別では、マネジメント、ロジカルシンキング、法務・税務、財務・会計など専門分野の研修を、自由に選択し学べます。また、資格取得の祝い金制度や、通信教育・社外スクールの受講費用を年間20万円まで会社が補助する制度もあり、自発的な学びを後押ししています。

Point 2 若手社員向けのサポート体制

新入社員研修はJ-POWERグループ合同で行っており、多くの仲間を得ることができます。同期同士の絆を大切にしてもらいたいという思いから、社内で「同期会」を開催するときには支援も行っています。また、同期以外にも気軽に相談ができる存在をつくるために、「メンター制度」を導入しています。先輩社員一人がメンターにつき、月に1度カジュアルな形で面談を行っています。仕事面では、システムエンジニアの職種の社員には配属までの3か月間にITの基礎研修を用意しています。未経験からでも一人前のエンジニアになれるよう研修体系を組んでいます。

Point 3 DXを担う人財の育成

J-POWERグループのDX推進に寄与するため、「データサイエンティスト」「クラウドアーキテクト」「モバイルアプリ開発」などの中核を担える若手エンジニアの育成に力を入れて取り組んでいます。

こんな研修もやっています「ダイバーシティ研修・講演会」

JPBSでは、誰もが働きやすく、能力を発揮できる環境をつくることが、人財育成の基本と考えます。そこで、ダイバーシティの意識啓発・風土醸成のため、毎年従業員向けに研修と講演会を開催しています。

過去5年間の講演会テーマ

年度	テーマ
2023年度	ダイバーシティとメンタルウェルネス
2022年度	心理的安全性の高い職場作り
2021年度	LGBTQについて考える
2020年度	バリアバリュー～障害を価値に変える～
2019年度	アンコンシャス・バイアスを乗り越える

制度や施策だけでなく、働く環境も充実！

雰囲気のよい職場を生み出すオフィスレイアウト

**2019年に移転したJPBSの本店を紹介します。
移転の際、従業員の働きやすさを追求するためにどのように環境を整えたか、
総務部の２人が教えてくれました。
仕事に集中できる空間、休憩時にリラックスできる空間とは？**

総務部
徳原 晋子さん

私たちが紹介します

総務部
田中 夏樹さん

①

②

「最近どう?」そんな会話でつながれる動線設計に

デスクはフリーアドレスのため、毎朝片付いた状態です。日当たりも良好（①）。従業員みんなが通る動線に、共有の広いテーブルを置き、さらに、備品や書籍、ワードローブもフロアごとに集約することで、偶発的な出会いから、ちょっとした会話などコミュニケーションが生まれるような設計にしています（②）。

心身ともにリフレッシュできる休憩場所

コミュニケーションスペースと呼んでいるフロアには、健康志向の商品を多く取り揃えた無人コンビニを設置しています(①)。充分な広さがあるためランチタイムでも混雑せず、仕事の気分を変えられる開放的な空間で(②③）リラックスして過ごすことができます。また、コーヒーイベントなど、定期的に従業員同士がつながれる企画も行っています（④）。

①

③

②

④

ＪＰＢＳのオフィスでは、部署ごとにフロアが割り振られ、フリーアドレス制が導入されています。その日の気分や進行中のプロジェクトに合わせて、仕事のしやすい場所を選ぶことができます。

働くフロアのこだわりについてうかがったところ「各フロアに、広いスタンディングテーブルとソファスペースを設けたことです。ブレストが活発になったり、手短に会話できるスペースとして活用できています」と徳原さん。集中して作業をしたい人のためのコワーキングスペースや防音の個室ブース、ＷＥＢ会議が行えるスペースなども充実し、用途に応じて快適に業務が行えるようになっています。

さらに、会議室や社長室は、明るさと見える化を同時に実現するため、開放感のあるガラス張りパーティションを採用。「ほどよい緊張感が生まれ、会議の時間短縮にもつながっています」と田中さん。

業務の効率化、集中力アップを考え、社内でイス選挙を行いました

移転の際に、3種類のイスを仮置きし「自分が毎日座りたい」と思うイスに一人一票投票してもらう選挙を実施しました。見事1位に輝いたイスはデスクに採用。惜しくも敗れたイスは会議室に採用（写真左）。ちなみに、写真右は卓球台をテーブル代わりにした会議室です。働く環境に、楽しさや遊びも盛り込んでいます。

フロアから臨めるのは湾岸エリア 会社の目の前は築地場外市場

どのフロアも眺めがよく、窓の外は湾岸エリア（①）。天気のよい日はレインボーブリッジが一望できます。さらに、一歩外に出れば築地場外市場の賑やかな町並みが広がり、活気にあふれています（②）。一方で、ビルの屋上は隠れ家的な休憩スペースに（③）。

①

②

③

J-POWERビジネスサービスの

推しポイントは？ 社員の「声」に注目！

ここまでJPBSの心身のサポート体制を中心に紹介してきましたが、最後は、実際に現場で働く社員にインタビュー。入社２～６年目の皆さんが会社のよいところや仕事の楽しさについて教えてくれました。

推 オフィス環境のよさ

オフィスがとにかくキレイ！初めて建物に入ったときは驚きました。フリーアドレスで、仕事が終わると書類を個人ロッカーに収納して帰るため、デスクがいつもスッキリしています。さらに休憩できる場所が充実していることも推しポイント。私のお気に入りは、コミュニケーションスペース（休憩フロア）にある無人コンビニの品揃えです♪

オフィスがとてもキレイ！

入社2年目
エンジニアリング部
技術職（SE）
小幡 歩夢さん

推 社内の雰囲気

先輩方をはじめ、思いやりのある職場だと感じています。たとえば、現在担当している社会保険業務について、入社するまでは何の知識も持っていませんでしたが、イチから丁寧に教えてもらっています。また、メンバー間でのサポート体制が整っており、休暇がとりやすいのもうれしいポイント。健康第一で過ごすことができています。

思いやりを感じる職場です！

入社2年目
シェアードサービスセンター
事務職
岩丸 和生さん

推 仕事のやりがい

インフラを支える貴重な仕事！

J-POWERグループの、火力発電所で使用する石炭の輸入代行業務を担当しています。扱う石炭の数量や金額が大きいため緊張感のある業務ですが、その分達成感も得られます。また、石炭売主や船社、通関業者など、さまざまな方とかかわりながら、しかも英語で仕事ができることが私にとってのやりがいです。面白みを感じています。

入社4年目
燃料ロジスティクス部
事務職
長谷川 有紀さん

自己成長の
機会が
整っています!

推 手厚い研修制度

現在私は、社内で実施されているDXのスキルアップを目的とした長期研修に参加し、モバイルアプリの開発手法を学んでいます。この研修経験を活かし、今後、社内向けアプリの開発業務に従事する予定です。JPBSは、専門的分野の基礎研修が手厚いうえ、若手のうちからスキルアップや自己成長につながる経験ができる環境が整っている会社です。

入社2年目
IT事業本部 技術職(SE)
植木 尚さん

健康重視の
姿勢が感じられる
会社です

入社6年目
エリア事業部 兼
ウェルビーイングサポートセンター
管理栄養士
八木 沙也佳さん

推 充実の健康イベント&セミナー

私は管理栄養士として、全国の発電所や社員食堂・寮などの献立を作成していますが、従業員への「食と健康」に関する教育にも力を注いでいます。グループ全従業員向けのeラーニングや、新入社員研修での栄養講話などを実施しています。私の担当以外にも、当社では「睡眠」「メンタルヘルス」「肩こり・腰痛」など、多方面から専門家に直接アドバイスをもらえる環境が整っています。最近は、グループ会社従業員とその家族を対象とした「ウォーキングイベント」が開催され、大いに盛り上がりました。

今では
松島が
大好きです!

入社2年目
エリア事業部 松島事業所
事務職
上野 亜美さん

推 現場で積める経験

入社後、新入社員研修を経て、長崎県にあるJ-POWER松島火力発電所に隣接する事業所の配属になり、２年間勤務しています。同期も知人もいない地での初めての仕事に、最初は不安がありましたが、20～70代までの幅広い年代の方たちと、業務はもちろん、他愛ないおしゃべりを通じて、コミュニケーションをとり、スタートから安心して働くことができました。松島事業所には約80人の従業員がいます。多くのスタッフとかかわりながら幅広い業務に携わって、J-POWERグループならではの全国の発電所での勤務、いわゆる「現場勤務」の醍醐味を感じています。

COMPANY FILE | 06

ミサワホーム株式会社

経営層、人事総務部、健康保険組合が連携して健康経営を推進
社員がいきいきと働くことができる職場を創造中!

ミサワホームってこんな会社!

ミサワホームは日本初の建設大臣認定を取得した「木質パネル接着工法」を開発し、1967年に設立。高気密・高断熱な居住環境実現の先駆けとなりました。この工法は南極・昭和基地の多くの建物にも採用されています。90年代には世界初となる「100%リサイクル住宅」「ゼロ・エネルギー住宅」を発表。近年では、JAXAと共同で宇宙空間における有人拠点建設を目指した研究もスタートしています。2015年に首都圏、2016年に中部エリアにおけるグループの販売体制と施工体制を統合、本社に直結。組織体制や人材育成、働き方など変革に取り組んでいます。2018年からは健康経営に着手し、5年連続で「ホワイト500」の認定を受けました。

住まいづくりで培った「ミサワホームらしさ」やチャレンジ精神をベースに、これからの社会が求める、暮らしの快適さや安全性を先取りした自社の文化を創造しています。

トップメッセージ

社長自ら先頭に立ち推進する MISAWAの健康経営

いつまでも社員がいきいきと働くことのできる、活力あふれる職場を目指して。健康宣言以来、変わらない想いと今後について作尾徹也社長にうかがいました。

トップが最高責任者となり健康経営を推し進める

「心身ともに健康であること」がすべての基盤です。ミサワホームは2018年より「健康経営」を掲げ、社長がCHO（最高健康責任者）となり、経営的視点からも社員の健康増進に注力しています。

まず社内の体制・環境の整備から着手しました。代表的な取り組みとして、2018年度から保健師が常駐する「健康管理室」を設置し、2019年度からは就業時間内禁煙制度を開始しました。さらに2022年度からは、社員の健康診断受診にあたり、生活習慣病健診を受診する35歳以上の社員全員が、2年に1回は人間ドックを無料で受診できるよう会社の費用負担を拡大しました。

社員が自発的に
「自身と家族の健康」
に取り組む風土へ
代表取締役
社長執行役員
最高健康責任者
作尾 徹也さん

こうした環境整備に加え、健康増進に向けた施策も多く取り組んでいます。毎年多くの社員が参加する部門対抗ウォーキングイベントや、本社がある新宿区の一大イベント「新宿シティハーフマラソン」への協賛ならびに参加、さらにはさまざまなテーマで健康セミナーを開催するなどの各種施策を毎年度継続的に実施しています。

平均年齢が年々上昇する中にあっても、社員の健康指標の平均数値が、健康経営をスタートした2018年度と比べて改善するなど成果も出ていますし、こうした取り組みと実績が評価され、2018年度以降は5年連続で健康経営優良法人「ホワイト500」の認定も受けています。

組織の活性化は個の健康から社員の健康は会社の財産です

社員一人ひとりの健康は、会社にとって資源であり財産です。心身が健康な状態で初めて活気あふれる職場が生まれます。社員の健康増進ならびに組織の活性化に向け、会社として環境整備や施策を実施するとともに、社員が自発的に高い健康意識を持って、自身と家族の健康管理・健康づくりに取り組む風土を醸成していきたいと考えています（私も以前は喫煙していましたが、強い意志で卒煙しました）。

引き続き、社員一人ひとりが心身ともに充実した状態でいきいきと働くことができるよう、健康経営を推進していきます。

2018年度から「ホワイト500」継続認定中

健康経営の歩みと風土づくり

ミサワホームは、「健康宣言」を制定した2018年度から5年連続で「健康経営優良法人（ホワイト500)」に認定されています。ミサワホームを語る上で欠かせないものとなった健康経営の取り組みを人事総務部の２人にお聞きしました。

人事総務部 人事課 井澤 望さん

人事総務部 人事課 課長代理 横野 智也さん

組織体制の変革が転機 健康が経営のキーワードに

横野　従来の建設業界では、お客さまや現場に対して一生懸命に向き合うことが「やりがい」や「充実」に直結していました。一方で自分の健康に目を向ける視点が弱かったように思います。起点となったのは２０１７年から始まった全社的な働き方改革（ＢＲ活動）でした。従業員満足度向上への計画が立案される中、健康管理体制の強化が重要な経営方針のひとつとなりました。

井澤　それ以前は、年に1度の健康診断のときくらいの話題でした。それが、社長が健康経営の責任者になり、「健康宣言」を制定し、まずはトップから「取り組んでいきましょう」と発信しました。経営方針として「健康」がキーワードになり、全社的な取り組みが始まりました。

横野　会社の組織体制もグループ内での会社統合があり、ひとつになった会社として一体感の醸成も必要な時期でした。「健康」というキーワードのもと、イベントや施策を通じて社員一人ひとりが働き方や健康を自ら考えるようになりました。トップダウンではなく、社員が自発的に健康を意識し始めたことが、その後の成果につながったと思い

健康推進体制

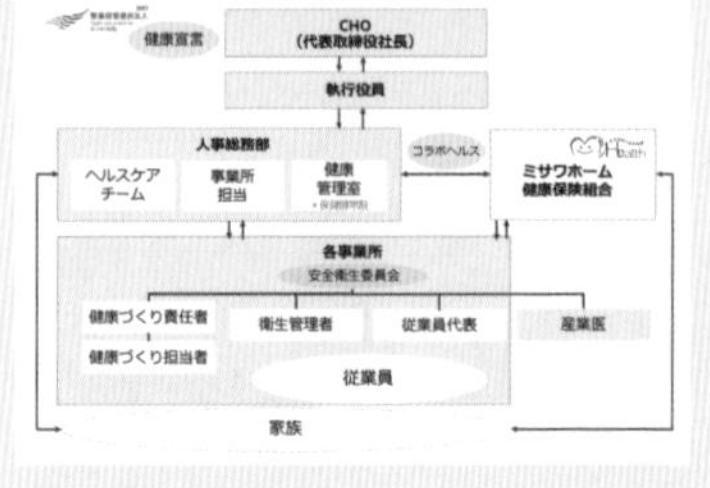

ミサワホームの健康経営取り組み

健康保険組合との連携 健康管理体制の整備

- 最高健康責任者＝CHOを任命し健康経営を推進
- 健康相談や不調者の対応を行う健康管理室を設置
- 定期健康診断の二次検診対象者の再受診を徹底
- 喫煙者を対象に禁煙・減煙への取り組みをサポート
- 健康KPIを設定し、ミサワホームグループ各社との労務ミーティングを行うなどグループ全体の健康経営を推進
- 新型コロナウイルス感染症へのフォロー体制を確立し、罹患した社員の療養および復帰をサポート
- 人間ドックの受診費用補助対象者を大幅に拡大
- 衛生管理者資格取得者への合格祝い金を倍増

社員の健康リテラシー向上・運動習慣の改善

- フットサルや野球、登山などのサークル活動を応援
- 新宿シティハーフマラソンに協賛し社員が競技に参加
- 本社に健康スムージーの販売コーナーを設置
- 健康づくりの活動を「楽しく」「お得に」「無理せず」継続的に取り組めるよう、健康ポイント制度を導入
- 産業医による健康講話を各拠点で定期的に実施
- 社内ウォーキングイベントの規模を拡大して開催
- 健康管理向けのスマートウォッチを全社員に配布
- 遺伝子検査キットの配布と検査結果のフィードバック、管理栄養士による解説セミナー開催

保健師による健康相談

協賛のマラソンに参加

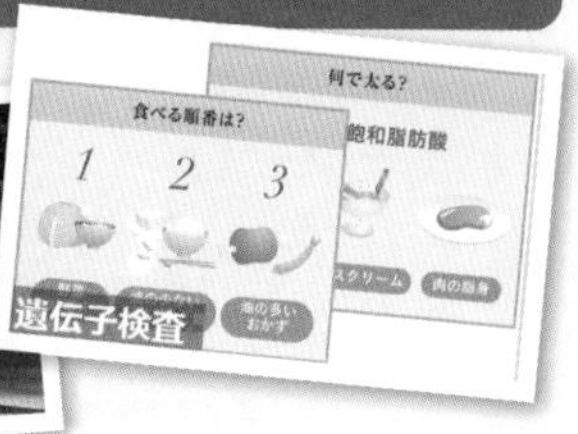

遺伝子検査

ます。

井澤　各事業所で「健康づくり責任者／担当者」を決め、私たち人事総務部と連携して取り組んでいます。各事業所がもともと持っている特性に合わせて最適化を図ることで、実践効果の高いものとなっています。

社員一人ひとりに「健康」への意識が浸透

井澤　ミサワホームらしさも健康経営が社員に浸透した理由のひとつかもしれません。さまざまなイベントを企画するのですが、毎年開催している「ウォーキングイベント」には多くの社員が積極的に参加します。営業職が多いので、「競い合う」ことへのモチベーションが高い社風です。その期間は「天気の話題の次に歩数の話になる」と言われるほど、関心が高まります。

横野　健康関連のイベントや施策は、会社統合後の全社の一体感を醸成する意味でも重視しています。実施に携わる私たちも社員のニーズを集め、効果的なフィードバックに努めています。２０２２年に実施した全社員へのスマートウォッチの配布や、遺伝子検査キットの配布は大きな反響がありました。

井澤　健康経営の取り組みは社員本人だけでなく、社員の家族も取り組めるように努めていますが、なかなかそこまでの広がりを持つ企画は難しいと感じています。でも、遺伝子検査キットは社員本人への配布だったのですが、「この機会に家族の分もやってみたい」という要望をいただくこともありました。「健康」への意識が一人ひとりに根付いてきたと実感できました。こうした取り組みと浸透が、「ホワイト５００」の連続認定につながっていると思います。

推進室」の足跡をたどる

「変わる」ことに前向きで度量のある社風です

人事総務部 人事課 課長
小島 裕子さん

ミサワホームの健康経営は「BR働き方改革」が原点。何を変えるかを社員自身が考える中で見つけたのは、「人のよさ」に根ざした社風と働きやすさでした。それがどう健康経営に活かされたのかをBR担当者に聞きました。

仕事と健康を一緒に考える 社員が自ら会社を変えていく

2017年7月、ミサワホームは社長直轄の組織「BR働き方改革推進室」を設置しました。従業員満足度（ES）や生産性の向上、組織再編の目的達成度分析を3本の柱とし、「働き方改革」を社員自らが推進していく取り組みです。小島裕子さんも全社から集まった50人のメンバーの一人です。

「部門の垣根や世代を超えた人々が集まり、『会社が動き出したぞ』というポジティブな熱気に包まれていました。当時、『働き方改革』という言葉は、政府の呼びかけもあり、報道でも毎日耳にしていました。それが自分の仕事や会社を変える言葉となったこと、さらに、ESの向上を受け身ではなく自ら実現することへのやりがいを強く感じました」

小島さんは、BRの取り組み項目のうち、ES向上を担当。コミュニケーションの強化や健康管理などに取り組みました。「家庭と仕事の両立。女性活躍推進。障

BR（Business Revolution）とは？

BRはBusiness Revolution、ビジネス革命を意味する言葉。「BR 働き方改革推進室」は、2017年7月、ESの向上、生産性の向上、エリア再編改善・企画を目的に、社長直轄の組織として始動した3年間限定のプロジェクトです。全部署、全世代から50名が集まって活動。いつでも・どこでも・いつまでも、いきいきと働ける環境を整備し、働き方における建設業界のリーディングカンパニーになることを目指しました。現在のミサワホームの体制・環境にその影響は色濃く残っています。

BR 働き方改革推進室

いつでも・どこでも・いつまでも、いきいき働ける環境整備

MISAWA HISTORY「BR働き方改革」

がい者雇用推進。やはり、どれもそれまでは言葉としては自分事化されていなかったと改めて実感しました。健康経営もBRの中からスタートしましたが、健康と会社の仕事をともに考える視点は新鮮でした。皆さんの健康診断二次検査の受診率の数字を見たときに、そのあまりの低さに驚きました。一緒に働く人たちの健康意識、環境、そうしたものへの危機感と、これを何とかしたいという課題感が生まれ、BRに参加する責任感を強く持ったのを今でも忘れません」

ミサワホームのDNAとは

■MISAWA DNA

① 先進性
② デザイン
③ 技術力
④ 笑顔と信頼
⑤ 人財主義

BRの中で社員に「ミサワホームらしさとは何か？」とアンケートを実施。上位5つの言葉から見えてきたのは「人に恵まれている会社」という社員共通の価値でした

再認識した「人の力」垣根をなくし、その力を最大に！

BRに取り組む中で感じたのは「人に焦点を当てた活動」という点でした。
「誰かの健康を考える、知ってもらうには、会社や部門、役職や役割といった垣根はなくさなければいけないと感じました。BRも健康経営も社長が推進役となり影響力もある。でもそれを社員一人ひとりが理解し推進力とならなければ実現しません。普段かかわりが少なく、利害関係もない場所に飛び込み、思いを伝える力とは『人間力』だと気づきました」

社内のさまざまな人とのコミュニケーションを重ねる中で、小島さんは全社に存在する「人間力」にも触れる機会を得たと言います。業界を先駆ける商品開発力や、グッドデザイン賞を34年連続で受賞するデザイン力など、住宅メーカーとしての力の背景には、こうした人材の厚みが底支えとなっていることを実感したそうです。

「それまでも会社への誇りを持っていましたが、会社の仲間たちへの尊敬も再認識しました。ミサワホームの魅力を聞かれたら、迷わず『人！』と言えます」

社内の「人間力」を一層高めるには、部門や世代を超えたコミュニケーション強化が必要でした。BRの活動が実証した垣根のない人間関係を全社的に広めるために、サークル活動の推奨もここからスタートします。10人以上が集まれば、会社から補助が出るということで、たくさんのサークルが活動しています。ちなみに、小島さんはカラオケサークルに参加しています。

「BRで50人が集まったときと同様に、サークルでは年齢も部門も異なる人との交流が生まれます。会社を俯瞰するというか、縦横斜めから見つめ直すような感じです。同じ会社の仲間だからスムーズに共有できる話題もあれば、自分の悩みにそんな解決方法があったのかと異なる視点からアドバイスをいただけることもあります。私自身も先輩のアドバイスを受け止め、後輩に伝えていく存在になりたいと思うようになりました」

団結力と健康意識の増進

「楽しく健康に！」健康推進イベント紹介

いつまでも社員がいきいきと働くことのできる、活力あふれる職場の環境整備を積極的に行っています。ミサワホームの文化とも言える運動イベントを中心に、従業員の声と合わせて健康推進イベントを紹介します！

ウォーキングキャンペーン

恒例イベントとして定着。3,000人以上が参加!

健康経営推進とともに始まりました。回数を重ねるごとに参加率が上昇しており、2020年からはグループ内の対象企業を増やし、3,000人以上が参加する名物イベントとなっています。

毎年11月に開催される恒例行事として定着したことで、キャンペーン中は「歩数」が社内の話題となり、普段接点のない者同士がコミュニケーションをとることが増えました。サークル活動への参加やコミュニティづくりなど、交流機会を増やす起点にもなっています。

また、キャンペーン中だけでなく、日頃から歩くことや運動することへの意識が高まっています。健康経営の継続的な取り組みにより「運動イベントはミサワの文化」という社風が根付いてきています。そうした会社文化の継承が健康意識と結びつき、ミサワホームの健康経営を実のあるものとしています。

新築請負事業本部
首都圏営業本部 東京支社
東京支店 市場開発部
市場開発二課
工藤 萌里さん

第１回から職場の皆さんとチームをつくって参加しています。仕事で外を回るときも自分の歩数がカウントされるかと思うと、ポジティブな気持ちで歩けます。歩数を増やす目的も兼ねて、休日に支店でゴルフコンペをしたこともありました。単純なスコアだけではなく、歩数も競いながらのコンペとなったので、ゴルフの下手な私でも楽しくできました。

体を動かすことが
リフレッシュに。
仕事の疲れが解消

新宿シティハーフマラソン

参加を機会にランナーとして目覚める社員が多数!

社員の健康意識向上と運動する機会のきっかけづくりをかね、「新宿シティハーフマラソン・区民健康マラソン」に2020年から協賛しています。

参加を希望する社員には、事前に複数回の練習会を開催。互いの交流を深め社内コミュニケーションの強化につなげるとともに、自主練を重ねることで健康や運動への意識を高める機会となっています。会社が主催する練習のため、参加者本人も前向きに取り組むことができ、周囲の社員からも応援が得られるなど、主体的かつポジティブな運動への意欲を高めることができると好評です。

建設・CS本部
カスタマーサポート推進部
オーナーサポート企画課 課長代理
高橋 良裕さん

高校卒業後の20年間、運動とは無縁でした。40歳を前にして危機感を感じた矢先に2020年大会の参加募集を見て「これだ!」と選択種目の中で最長の21kmに参加。ハンパな気持ちでは達成できない目標を持つことで、自分でも意外なほど自主練を重ね、完走でき、大きな自信となりました。

各種サークル活動

新築請負事業本部 首都圏営業本部
分譲開発事業部
分譲営業部 販売一課
渡辺 光太さん

キャンプは未経験でしたが、同僚が「面白いから」と誘ってくれました。活動内容は「おいしい料理とお酒を楽しむこと」で「1人1品をつくる」だけがルール。自分が料理好きなことを発見できましたし、妻にも好評です。2017年から続けていて仲間との思い出も多く、私の人生の財産です。

部署や役職の垣根を越えたコミュニケーション

BRのES向上で取り組んだコミュニケーション強化の中から生まれた施策です。10人以上を集めれば誰でも気軽なテーマ設定で、会社公認のサークルをつくることができ、参加人数に応じて活動費の補助もあります。現在、社員数約2,500人に対し、約800人が何らかのサークルに参加しています。

「ダンディーキャンパーズ倶楽部」の渡辺さんは、サークル活動で感じた「健康」は、「皆とよく笑うこと」だと言います。仲間ができ、一緒に思い出をつくる。オンもオフも人間力を高めるのがミサワホームの健康経営です。

健康の架け橋

「健康づくり担当者」に聞きました！

支社・支店の多いミサワホームの健康経営を支えているのは、各事業所の健康推進をサポートする「健康づくり担当者」です。やりがいや苦労など、その想いや仕事の内容など生の声を聞いてみました。

新築請負事業本部 首都圏営業本部 神奈川支社 町田支店
町田営業一部 横浜町田営業課 課長 **荒谷 功児** さん

みんなの健康が会社の発展につながります

仲間を盛り上げる中で自分の健康意識も高まりました

2021年から担当しています。一人ひとりの健康が職場を明るくし、会社の発展にもつながると強く感じ、責任とやりがいのある役割だと感じています。主に、健康診断の受診促進、ウォーキングキャンペーンのアナウンス、ワクチン接種の案内などを行っております。

社内の働き方を意識するようになり社員の皆さんとのコミュニケーションも深まりました。ウォーキングキャンペーンの際には、チームとしての一体感を喜ばれたり、チーム内でも競い合って「おかげで歩く意識が高まった」「〇〇さんには負けたくない」といった声を聞き、参加促進を通して盛り上げることができてうれしく思いました。

自分の意識も変わり、新宿シティハーフマラソンや個人的に富士山登山に挑戦するなど、これまでにないチャレンジを楽しんでいます。

新築請負事業本部 首都圏営業本部 神奈川支社 神奈川設計建設統括部
神奈川建設部 神奈川建設一課 **歌崎 裕子** さん

みんなの健康意識の高まりを実感しています

社内に笑顔のコミュニケーションが増えています

３年前から担当。健康経営の施策が充実するに伴って、皆さんにお伝えする内容も増えています。社内掲示板で、インフルエンザの予防接種補助金制度などをお知らせし、同時に１日２回「健康改善メール」の送信をしています。

メールでは事務所は11階にあるので、階段利用の推奨、喫煙本数の削減、休肝日をつくる呼びかけなど、日々意識してほしい気づきをお伝えしています。時間をかけて呼びかけを重ねてきたことで健康意識の変化を着実に感じるようになりました。

「メールをありがとう」「階段上っているよ！」「健康診断、ちゃんと予約しておいたから」と、日々、声をいただいています。私のメールで、誰かが健康増進の第一歩を踏み出し、それを喜んでくれ、私に伝えてくれるので、役に立ててよかったと私もうれしくなります。

手厚い研修制度

30歳までに「仕事のプロ」に

**ミサワホームには「人を大切にする」という思いがあります。
「人材」を「人財」と表記するのも、そのためです。
入社後8年間＝30歳までに若手を「仕事のプロ」にしようという
ミッションを掲げ、若手層に手厚い研修を行っています。**

TOPIC

ミサワホームでは入社までのチャレンジを推奨し、「宅地建物取引士」「二級建築士」資格取得のための通学補助をしています。

また、2023年からは入社後スムーズに社会人生活へ導入できるようにミサワホームの展示場や施設見学、グループディスカッションをする機会を設けています。

30歳プロ化　8年間で4回、きめ細かな階層別研修

30歳プロ＝「高い巻き込み力と問題解決力を駆使して、いかなる部門においても成果を発揮する人財」

	4月-5月	6月	7月		2年目	3年目	5年目	7年目	30歳
内定者教育	導入研修 2か月	本社実習 1か月	配属	配属後フォロー	フォロー研修	階層別研修			

ミサワホームでは全社員が「MISAWA DNA」を共有し合うため、新人から役員まで体系的な研修・教育体制が用意されています。特に入社時から８年間は２、３、５、７年目の節目で、全社員共通で研修を行っています。30歳で「プロ」としての自覚と自信を持ち、新たな新入社員が目指すべき「MISAWA DNA」の体現者となることを目標としています。

そうした前へ進む推進力の獲得と同時に、横を見て自分を見つめ直す機会にもなっています。各部門や事業所で働く同期と再会し、お互いの頑張り、苦労や悩みを共有し合うことができるからです。「指導」や「学習」だけでなく、同期を鏡にして気づくことで、自分ならどうするかを考え、実践できます。この研修は配属部門に特化した専門的スキルではなく、どの職種にも共通した問題解決力を基盤としたポータブルスキルを段階ごとに習得することを主目的としています。

研修を企画する人財開発課では、カリキュラムが押しつけにならないよう、キャッチボールを大切にしています。研修前後に意見交換をしながら内容もアップデートしていきます。また、上の世代や役員にも今の世代のリアルを共有していきます。

新入社員には一人に対し、理解のあるOJT1名、メンター１名が付いてサポートしています。同期や講師との対話の場だけでなく、役員から直接、事業ビジョンを聞き、その後ざっくばらんにコミュニケーションをとれる機会もつくっています。MISAWAは人財の育成と開発を会社全体でサポートしています。

COMPANY FILE | 07

三菱ＵＦＪ信託銀行株式会社

社会課題の解決を通してサステナブルな未来を実現！
世界一の資産運用・管理会社を目指すプロフェッショナル集団

三菱ＵＦＪ信託銀行ってこんな会社！

三菱ＵＦＪ信託銀行は、ＭＵＦＧ（三菱ＵＦＪフィナンシャル・グループ）の一員として、１００年に迫る歴史を有し、社会における信用と信頼を着実に積み重ねてきました。個人、法人のお客さまの課題やニーズを把握・分析する「コンサルティング」だけでなく、資産運用・管理、不動産、証券代行、年金、相続業務など、銀行の枠を超えた「信託型コンサルティング＆ソリューションビジネス」を提供しています。

社員が自分らしくいきいきと働ける会社を目指し、勤務時間・場所を柔軟に選択できる制度の導入や育児と仕事の両立支援など、さまざまな福利厚生制度を充実させています。

多様な働き方やキャリアパスを実現できるのも、幅広い事業領域と専門性を有している同社ならでは。「信じて託される」プロとして、社員一人ひとりが人間性と専門性両面を磨き、唯一無二のトラストバンカーを目指しています。

トップメッセージ

三菱ＵＦＪ信託銀行が目指す 安心・豊かな社会

三菱ＵＦＪ信託銀行では、健康経営の実践を通して、社員と社会全体のウェルビーイング向上を目指しています。長島巌社長にお話をうかがいました。

サステナビリティ活動としての健康経営を推進

三菱ＵＦＪ信託銀行は、「『安心・豊かな社会』を創り出す信託銀行」を目指し、サステナビリティ活動の一環として健康経営を推進しています。社員一人ひとりが心身ともに健康でウェルビーイングであることこそが組織の活性化や生産性の向上を実現するために重要であり、お取引先をはじめとしたサプライチェーン全体のウェルビーイング向上につながると考えています。

健康経営に継続して取り組んできた結果、2023年３月に経済産業省と日本健康会議が共同で実施する健康経営優良法人認定制度において、「健康経営優良法人（大規模法人部門）ホワイト500」に認定されました。健康経営優良法人としての認定は、2020年から４年連続となります。

代表取締役社長 長島 巌さん

社員のウェルビーイング向上を社会課題の解決につなげる

社長である私自身、休日のジョギングや水泳で健康の維持・増進に努めていますが、当社では全部店参加型の「レガッタ大会」や「健康チャレンジイベント」を通じた運動の奨励にも力を入れてきました。2023年２月には、社員の健康増進のためスポーツ活動の支援や促進に積極的に取り組んでいる企業として、スポーツ庁より、スポーツエールカンパニーに認定されています。

そのほか、「ノー残業デー」や「勤務間インターバル制度」などによるワークライフバランスの充実、在宅勤務の推進や社内サテライトオフィスの設置などによる働きやすい環境づくりなど、さまざまな側面から社員のウェルビーイング向上に取り組んでいます。

働きやすい、風通しのいい職場環境をつくっていくことは、私たち経営陣の役割です。在宅勤務をしやすくしたり、社外副業の対象範囲を拡大したり、社員の働き方やスキルアップ、キャリアアップに役立つ施策を積極的に行ってきました。

こうした活動が最終的にはお客さまのお役に立てるサービスや社会課題の解決につながっていくと考えています。

アプリを活用した生活習慣改善&スポーツ活動の支援

担当者に聞いた！推しの健康経営施策

三菱ＵＦＪ信託銀行では、社員のウェルビーイング向上を目指し、「健康チャレンジ」や部活動支援など、さまざまな健康経営施策を実施しています。４人の担当者にイチオシ施策をうかがいました。

1 健康チャレンジ

記録達成でもらえるポイントは健康グッズなどに交換できます

三菱ＵＦＪ信託銀行
健康保険組合 常務理事
東川 泰之さん

このプログラムは、社員の生活習慣の改善を目的に2009年から健康保険組合の事業として始めました。約２か月の期間を設け、「１日8,000歩歩きましょう」「１日350g野菜を摂りましょう」など運動や食事、睡眠、日常生活の項目で目標を設定してチャレンジしてもらっています。

参加者には30日以上の記録達成で最大1,500ポイントが付与され、貯まったポイントは健康グッズやギフトカードなどと交換できます。歩数や食事、睡眠などを記録できるアプリを活用することで楽しみながら取り組みやすく、少し頑張れば目標達成できることから、プログラムの達成率は約７割。多くの社員の健康習慣改善に役立っています。

また、各個人としてこのプログラムに取り組むだけでなく、社員同士で参加状況や進捗を話すなど、社内コミュニケーションの活性化にもつながっています。

2 ワークライフバランスの充実

長時間労働を抑制するための施策を紹介します

人事部
企画グループ 調査役
須藤 愛未さん

当社では長時間労働の抑制のため、「ノー残業デー」の設定や、勤務終了後から翌日の出社までの間に一定時間以上の休息を設ける勤務間インターバルを12時間超に延長するなどの施策を行っています。特定の社員に業務が集中しないように人事部でモニタリングするなどの対策も講じています。

この結果、長時間残業者は減少傾向にあり、「会社としてノー残業デーが設定されていることで、家族・友人とのコミュニケーションがとりやすくなった」という声もありました。

休暇制度には勤続年数に応じて取得できる長期休暇や、半期に１度５営業日連続で休める特別休暇などがあり、取得率はほぼ100％。優秀な人材の定着や、ワークライフバランスの向上につながっています。

3 Kakehashiアプリ

会社と社員の
架け橋になる
アプリです

受託財産企画部 年金受託事業室
資産形成企画グループ 調査役
土肥 彩佳さん

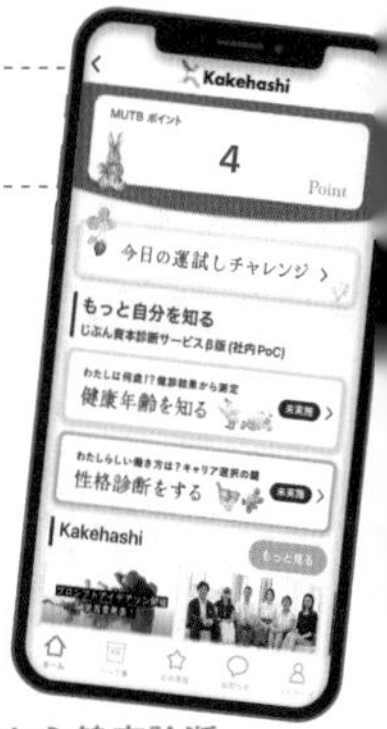

2023年４月より、スマートフォン向けアプリ「Kakehashiアプリ」を開発・導入し、社内報や内部ネットワークに分散していた社員とのコミュニケーションチャネルを集約。これにより社員は便利に社内の情報にアクセスできるようになり、会社としては7,000人超の社員に福利厚生やさまざまな施策などの情報を素早く効果的に伝えられるようになりました。

2023年10月からは「健康年齢診断」というコンテンツの提供を開始。年齢、性別、身長体重と、健康診断の結果を入力することで自分の健康年齢がわかり、診断結果に合わせた健康関連記事が提案されるというもので、社員の健康意識向上を目的としています。このコンテンツは１か月で約900人の社員が利用し、コンテンツを見たユーザーの多くが社内の健康施策を確認するなど、健康施策の認知度向上につながりました。

また、アプリから健康診断の二次検査の予約と会社への報告ができる導線を整え、対象者にお知らせや通知を配信したことで、二次検査の受診報告数が大きく改善。１か月間で100人を超える実施報告があり、効果を実感しています。

今後はコンテンツの拡充・改善や個人に合わせた健康行動の提案などを検討しています。

4 部活動支援&レガッタ大会

当社では、2023年２月にスポーツ庁より「スポーツエールカンパニー」に認定されるなど、スポーツイベントや部活動が盛んです。

年に１度の「レガッタ大会」では、埼玉県にある戸田ボートコースを貸し切って、全国から社員が集まります。普段はそれぞれの部室店で活躍している同期と久々に会って話をしたり、先輩後輩とのコミュニケーションが図られる場として、2023年開催時は全国から110部室店、約2,100名の社員とその家族が集い、大いに盛り上がりました。

また、部活動を通じた社内コミュニケーション促進のため、コート代や用具代などに利用可能な補助金をテニス部やスキー・スノーボード部、サッカー部など約20の部活に対して支給しています。

このほか、社員１人当たり半期ごとに3,000円ずつの社内コミュニケーション促進費を支給。懇談会やボウリング大会などのイベント運営費として活用されています。

レガッタ大会には
2,000人超の社員と
家族が集まります

人事部
企画グループ 調査役
三浦 健太さん

仕事のフィールド！

私が
3つのポイントを
案内します！

人事部 採用・キャリアグループ
本山 早葵さん

気分転換や集中したいとき、セミナーや研修の開催など、用途に合った空間があると仕事の生産性は高まります。歩くだけで創造力が刺激される「信の森」や栄養満点の社員食堂など、“働く”を支える環境が揃っています。

POINT 01

自由でクリエイティブな発想を生み出す共創空間「Gallery」

おしゃれな空間で
気分転換

本店ビル27階にあるGalleryは、大型ホワイトボードが完備されたワークショップエリア、ブレストや少人数の打ち合わせに最適なコラボレーションエリア、プレゼンやテレビ会議ができるプレゼンエリア、コーヒーマシンと給茶機、無人コンビニを備えたカフェエリアから構成されています。社員だけでなくお客さまとの打ち合わせやイベントで利用することもでき、新たなアイデア・価値を創造し、イノベーションを起こすことを狙いとしたスペースです。

カラフルなチェアやダウンライト、スタイリッシュな内装が印象的で、大きな窓からは東京駅や丸の内の街並み、東京スカイツリーが望めて開放感たっぷり。担当業務が思うように進まないときに、同期や先輩を誘って意見をもらったり、アイデアが出ないときに気分転換を図ったり、お客さまとの気軽なコミュニケーションにも最適です。

Galleryでセミナーを実施したあと、そのままケータリングを利用して懇親会を行うこともあります。Gallery全体、一部エリア限定の予約が可能で、多くの社員が活用しています。

魅力的な空間で創造力が高まる!

多様な働き方を実現する

POINT 02

自由に集い、学び、高め合う場所「信の森」

JR信濃町駅直結の「信の森」は、研修・セミナー、懇親会のほか、サテライト勤務、自習など、さまざまな目的で全社員が利用できます。動線を広くとったゆとりあるレイアウトが特徴で、コミュニケーションが弾む場、集中するための場に適度な距離があり、誰もが心地よく過ごせるよう工夫されています。

「信」は信託・信濃町・Fiduciary（信頼）、「森」は多様な生物が暮らす森のように社員が自由に集い、学び、高め合う場所という願いを込めて名付けられました。個人利用は予約不要で自由に利用できます。

POINT 03

多彩なメニューが人気の社員食堂、多様な働き方をサポートする執務スペース

本店ビル８階の社員食堂では定食や麺類などが日替わりで楽しめ、東京丸の内という立地でありながら１食500円から食べられる安さも魅力です。

また、同社には、チームで会議を行うためのモニター付会議室、少人数の打ち合わせや個人ワークを行うためのテレキューブといった、多様な働き方をサポートする執務スペースがあり、目的に合わせて利用可能です。

成する充実のキャリア制度

お客さまからのニーズに応え、期待を超えるサービスを提供するためには、「真のプロフェッショナル」になる必要があります。継続的なスキルアップを支援する充実のキャリア制度を紹介します。

手厚い支援によって主体的なキャリア形成が可能です

人事部 採用・キャリアグループ
上級調査役
桑重 洋祐さん

キャリア選択の機会と能力開発の環境を提供

当社では「真のプロフェッショナル集団」を目指し、キャリア・デベロップメント・プログラム（CDP）制度を通じて社員の育成を図っています。

CDPの基本理念は社員が自律的にキャリアを描くことと、会社がキャリア選択の機会と能力開発の環境を提供することで、さまざまな制度や研修、上司の支援などを通じて、これらを実現しています。

新卒者はキャリアのスタート時から一人ひとりの意思を尊重するために、3つの採用方式を取り入れています。内定後に配属面談をじっくり実施して希望と適性を踏まえながら配属先を決定する「オープン採用」、選考段階で配属希望を聞く「部門選択採用」、アクチュアリー・ファンドマネージャー・システム／デジタルのプロを目指す「業務選択採用」の3種類で、それぞれの方式に応じて入社後のキャリアイメージを描けるように支援をしています。

また、内定者には、銀行業務を行う上で必要な資格の取得を推奨。パソコンスクール、オンライン英会話の受講支援のほか、グロービスの講座が学び放題のサービスも社員同様に受けることができます。

このほか、内定者の有志が参加して、設定テーマに挑戦する「内定者プロジ

2023年は85名の内定者が「内定者プロジェクト」に参加

内定式では入社前からキャリアのイメージを描き、モチベーションを高める

学びと成長のチャンスがたくさん！

真のプロフェッショナルを育

キャリアチャレンジ制度

社内公募

- **ジョブチャレンジ**
  社内の他部署や、MUFG内の他グループ会社の職務に挑戦
- **ポストチャレンジ**
  社内の公募の管理職ポストに対して自ら手を挙げ、上位職位に挑戦

副業形式

担当業務を継続しつつ新たな職務領域に挑戦

- **社内の別部署で**
  ①職務ベース：他領域における職務の一部への参画に挑戦
  ②プロジェクトベース：各部署で推進するプロジェクトへの参画に挑戦
  ※地方拠点などからフルリモートワークにて対応できる業務もあり
- **社外の企業へ派遣**
  公募の社外派遣ポストに挑戦

ェクト」もあり、内定者同士の絆を深めてもらう機会としています。

入社時には2週間の集合研修があります。目的は、①学生から社会人への意識改革、②ビジネスマナーや基本的なスキルの習得、③同期とのつながりをつくりエンゲージメントを高める——の3つです。集合研修後は、各部門ごとの業務別研修があり、4月下旬から5月頃に配属先での業務が始まります。その後も約半年に及ぶOJT指導や新人トレーナー制度によって、社員は徐々に仕事に慣れ、高い専門性を身につけていくことが可能です。

2023年度からキャリア採用者向けの研修も実施しており、当社の文化を共有し横のつながりを構築してもらう機会としています。

キャリアチャレンジ制度で社内副業も可能

入社後はキャリアチャレンジ制度を中心に、社員が自律的にキャリアを形成していけるように支援します。

キャリアチャレンジ制度とは自らが希望する部署や他業態に挑戦できる仕組みのことで、この制度を利用して社内副業も可能です。たとえば、これまでの経験を活かして新卒採用業務で学生と接する社員がいたり、本部企画でシニア向け商品を考案する際のメンバーに地方支店の社員が参加したりと、さまざまな事例があります。

ほかの部室店へ短期間出向して研修を受ける社内留学制度や、携わっている業務に関連する部署で知識をつける短期トレーニー制度もあり、多様な視野・専門スキルを磨くことができる環境が整っています。

ほかにも、社員が継続的にスキルアップするために各種研修の機会やeラーニング・通信講座の提供を行うとともに、社内キャリア相談員および社外キャリアカウンセラーに相談できるキャリア相談室や上司との1on1ミーティング、メンター制度など、自律的なキャリア形成を後押しするための環境づくりに努めています。

勤続15年で1か月間も休める!?

ライフステージに合わせて活用できる休暇制度

産休・育休、介護休暇以外にも特徴ある休暇・休職制度を設けている同社。その背景には優秀な人材に長く活躍してほしいという想いがあります。

長期休暇制度はほぼ100%の社員が活用

同社の休暇制度の中でも特徴的なのが、勤続15年で1か月間の長期連続休暇を取得できる「長期休暇制度」です。優秀な人材に長く活躍してほしいという想いがあり、ほぼ100%の社員が取得しています。

長期休暇制度の使い方は、国内外への旅行、家族でゆっくり過ごす、ビジネススクールに通うなど、人それぞれ。仕事から離れ、自由に１か月を過ごすことで仕事への取り組みを見つめ直すきっかけにもなるそうです。また、誰もが利用できる制度であることから、長く休んでも周囲の理解が得られやすく、サポート体制も万全。対象者は、気兼ねなくリフレッシュに活用できます。

そのほかにも、連続５営業日の休暇を年２回取得できる「連続休暇制度」などもあり、ワークライフバランスの充実を図っています。

女性の勤続年数が銀行業界平均より長い理由

女性社員の勤続年数は、銀行業界平均よりも約３年長い15年５か月（2022年時点）です。これは出産・子育てなどを経ても仕事を続ける女性が増えてきた現れであり、長く働きやすい環境があると言えます。

育児休業が最大３年取得可能であること、配偶者の海外転勤などへの同行を目的に最長３年間休職できる「配偶者海外転勤等同行休職制度」のほか、法人契約先ベビーシッターサービスの利用料を補助する「ベビーシッターサービス制度」など、両立支援制度が整備されていることも、女性社員が長く働ける要因のひとつになっています。

CLOSE UP

長期休暇取得者に聞く！1か月間の上手な休み方

法人マーケット統括部 不動産事業室 上級調査役
村上 綾美さん

欧州５か国（ドイツ、オランダ、ベルギー、フランス、イギリス）を３週間かけて周遊しました。個人手配だったため、プチトラブルも少々ありましたが、普段はなかなか行けないローカルエリアにも足を延ばし、各都市の文化の違いを感じながらグルメ、観光、買い物を満喫しました。休暇中は上司・同僚に業務を全面的にフォローしていただいたおかげで心身ともにリフレッシュでき、心に余裕が生まれたことで読書のジャンルを広げたり、ランニング走距離を増やしたりと、とても充実した日々を過ごすことができました。

自分らしくいきいき働けるのはなぜ?

「働きがい」と「働きやすさ」を社員に聞きました!

三菱ＵＦＪ信託銀行で活躍する社員はどんなときにウェルビーイングを実感するのか？　自分らしく働ける理由に迫りました。

念願だった商品企画・推進に挑戦

初期配属の仙台支店で、さまざまな業務に従事する中、より専門的な商品知識を身につけたいと考えていました。そこで、地域やそれまでの職務経験に縛られず、挑戦したい業務に主体的に応募できるキャリアチャレンジ制度を利用しました。異動した金融商品開発部では、希望していた商品の企画・営業推進に携わる機会を得て、日々多くの学びがあります。自身のキャリア形成における大きな一歩になったと実感しています。

金融商品開発部
市場商品業務課
鬼嶋 紗友美さん

コンプライアンス統括部
企画グループ 上級調査役
佐野 剛志さん

副業で外国人のツアーガイドに

週末に通っているフランス語学校で誘われたことをきっかけに、社外副業制度を活用して、外国人観光客向けのツアーガイドをしています。当社ビジネスのグローバル展開が進む中、実践的な語学力を習得したいとの思いで始めました。語学力向上に役立つだけでなく、多様なバックグラウンドを持つ外国人との会話は刺激的で、視野を広げるいい機会になっています。仕事につながる気づきも多く、本業に好影響があると感じています。

年金コンサルティング部
コンサルティング&
ソリューション推進室
人事コンサルティングG
シニアコンサルタント
荒木 沙緒理さん

在宅勤務でワークライフバランス向上

人事・退職給付制度のコンサルティングを担当しています。静かな在宅勤務環境で資料作成・データ分析などを集中して行い、スピードアップを図っています。チームで協議が必要な場面でもオンライン会議で集まれるので不便さはありません。在宅勤務の日は小学生の子どもも安心している様子で、このことは私が仕事に没頭できる基盤になっています。ITツールの充実をはじめ、在宅勤務を戦略的に選択できる環境が整っていると感じています。

育休で家族の絆が深まる

妊娠中の妻と話し合い、4か月の育児休業を取得したいと上司に相談しました。上司は「休み中のことは任せろ」と快諾してくれ、チームのメンバーも温かく送り出してくれました。育休中は妻と2人、悪戦苦闘しながら小さな命を守り育む日々でしたが、健康に育っていく姿を見て、疲労とともに安堵と愛おしさを感じ、家族の強い絆を築くことができました。今後、男性がより当たり前に育休がとれる環境が整っていけばよいと思います。

広島支店 不動産課
調査役
長田 太一さん

COMPANY FILE | 08

株式会社エル・ティー・エス

働く豊かさや楽しさを仲間と分かち合える環境で 社員が自らのキャリアを描き形にしていく

エル・ティー・エスってこんな会社!

エル・ティー・エス(以下、LTS)は、創業22周年を迎えました。2017年のマザーズ上場から現在まで4回のM&Aを経て、従業員数1000名を超えるプライム上場企業です。DXに意欲のある先進的な企業の成長をサポートするため、企業変革を支援するプロフェッショナルサービス事業を展開。また、IT業界の変革を推進するプラットフォーム事業を拡充中です。

2022年10月に移転した本社オフィス(上の写真)は、グループ会社を含む社員同士の連携を深める環境と働き方の実現の場です。「土台がしっかりしているから、チャレンジできる!」と、自発的・意欲的になれる文化があるのがLTS。

チーム、お客さま、さらには広く社会への価値提供と貢献を目指したい。かかわる人を幸せにしたい。それには、心と体の健康、仲間や家族との良好なつながりこそが大切だと健康経営に取り組んでいます。

「楽しそう」と周囲から言われるのがLTS

「自由で活き活きとした人間社会の実現」が、私たちのミッションです

コンサルティング会社であるLTSにとって、唯一最大の資産は「人」。社員が活き活きと過ごせる環境づくりを重視しています。実際に足を運んでみると、活き活きと働く社員の姿が。その理由を聞きました。

IT業界のビジネスプロデュースに携わっています。役割に気負うことなく、人と人をつなぐための話し方や伝え方が大切。LTSは人間味豊かな人が多く、学びの機会がたくさんあります。

ビジネスプロデュース職
久保 美聡さん

誰かと会話するたびに発見や学びがあるため、リモート中心のプロジェクトであってもオフィスに来ます。出社しなきゃいけないからするのではなく、来たくなる会社。それがLTSです。

コンサルタント職
小泉 創さん

中途採用で入社しました。LTSでは採用した人に「よい環境」で働いてもらうために試行錯誤の日々です。採用の仕事で何ができるかを考え、常に新しいことにトライ。挑戦を大事にしています。

ビジネスマネジメント職
千嶋 崇さん

AWSをメインとしたクラウドインフラの設計・構築に携わっています。LTSは人当たりがよい社員ばかりで働きやすく、学びに対しても貪欲な人が多いため切磋琢磨できる環境だと思います。

エンジニア職
田中 遥介さん

LTSの文化を紹介。心身の健康の土台になっています!

組織人財開発部
舩木 いくみさん

自由の前提は個の「自立・自律」

一人ひとりが自立・自律しているからこそ、自由や「個」を尊重した環境の実現ができます。「よい会社に入った」ではなく、「みんなでよい会社をつくる意識」を共有しています。

退職者は「卒業生」。一度かかわったら仲間

退職時は「卒業生」として送り出します。活躍の場を広げLTSの共創者となる卒業生や、成長して戻ってきて、再び活躍する方もいます。誰もが誰かの「よつば」であり仲間です。

皆が個人のキャリアを応援

私自身、コンサルタントとして入社後にキャリアチェンジ。やりたいことが生まれたらチャレンジしようという気運が社内にあるうえ、チャレンジを皆が応援してくれます。

制度がない。じゃあつくろうか

誰かの「やりたい」に柔軟に対応し、どうしたら「できる」のかを皆で考えます。制度がなければ「じゃあつくろうか」となることも。意欲が実現できる環境へと常に進化中です。

社員の心の充実を図るLTS流キャリアダイバーシティ

個々の想い、価値観を受け止め、認める 個々のキャリア実現を全力支援

「LTSでの出会いと経験を活かす舞台は社会や世界。一人ひとりのよりよい人生に会社も貢献したい」（前出の舩木さん）。そんな想いを持つLTSでは、個々のキャリアを応援しています。幸福度が上がる働き方をどう見つけるか、３名が選んだ道を紹介します。

一人ひとりの
心やキャリア充実が
組織を強くします

取締役
上野 亮祐さん

たとえば、社内メンバーの可能性を発揮できる舞台がＬＴＳの外にあるなら、時間と機会をつくり応援する。メンバーは会社を背負うのではなく、自分に自信を持ち、仕事に誇りを感じる生き方をしてほしい。ＬＴＳはそうした考えのもと、キャリア支援を行っています。

一般的にコンサルタントという職種は、個々の自己研鑽で我が道を切り拓く傾向が強いですが、ＬＴＳでは〝我が道〟だけでは成立し得ない、仲間を応援・支援し合える環境を整えています。キャリアは社員自らが描き、それを形にしていけるフィールドを会社はつくる。〝つながる〟ことで組織も強くなり、社会もよくなるという視点を大事にしています。

キャリアの特徴　ライフステージに合わせて活躍場所を変更

佐藤 千夏さん

家庭と
両立しながら
キャリアアップが
叶いました！

新卒で入社し、９年目です。コンサルタントとして、顧客向けプロジェクトに従事し、４年目に産休・育休のため２年間休職しました。復職後は、育児と仕事を両立しやすい環境として、社内向けのコンサルタントを選択。そして、社内での経験を糧に、２０２３年から顧客向けプロジェクトに復帰しました。復職直後も現在も、私の職種はコンサルタント。

一時的に働く場所を「社内」に変えたことで、より自分が望む形で家庭と仕事を両立しながら、コンサルタントとしての経験も重ねることができました。

キャリアの歩み

- **2015年 入社**
  3年間は総合商社などでITシステム導入のプロジェクトに従事。
- **2018年 産休・育休で休職**
- **2020年 復職**
  育児と仕事の両立を考え、社内向けコンサルタントとして活動。
- **2024年 顧客向けプロジェクトの部門へ異動**

キャリアの特徴　民間人材として鹿児島県の市役所に勤務

松本 和也さん（左）　**長瀬 史明**さん（右）

入社何年目でも自分の殻を破るチャレンジができます

挑戦は手挙げ制！それがLTSの文化です

長瀬さん

社内公募があり、職員として内側から組織・業務改革に従事できる点に興味を持ち、鹿児島県の市の職員として働くプロジェクトに手を挙げました。

業務は多岐にわたります。市役所内の業務改善や職員が利用するシステムの見直しに加えて、職員が自ら業務改善を行えるよう、教育・研修にもかかわっています。

松本さん

入社3年目から本格的にコロナ禍に突入し長く続いた在宅期間、改めて自分の将来を考えました。30代は地域に根差した暮らし・仕事に挑戦したいと思っていたころ、鹿児島の話をいただき、手を挙げました。これまでの都市部の民間企業での経験は私の強みとなり、日々の自治体支援業務にも活かされています。

キャリアの特徴　ボランティアのために休職してガーナへ！

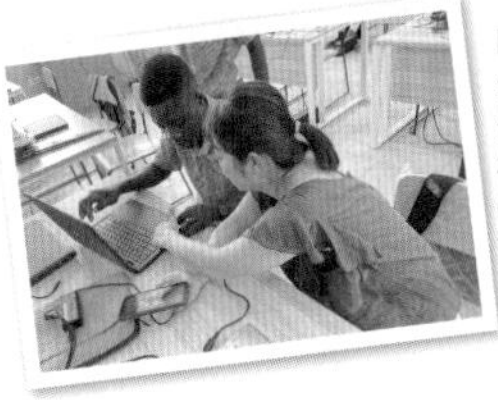

PCインストラクターとして、配属先の職業訓練校で生徒にPCの使い方を教えている様子。

池田 愛子さん

会社に新しい休職制度をつくってもらい夢とキャリアを実現！

入社5年目、私が海外ボランティアに挑戦しようと動き出した当時、社内で自己研鑽を理由に休職した例は最長でも半年でした。JICA海外協力隊の任期は2年間。休職はムリだろうと、退職を考えていましたが、当時の上司が応援してくださり、さらに人事部長に話すと、「とても素敵な挑戦じゃないですか」と。会社としても制度見直しを検討していた時期だったこともあり、休職扱いで参加できることになりました。

ガーナに滞在中は、社内広報用サイトで「ガーナ滞在記」を発信することに。世界の社会課題を目の当たりにし、人間としての幅を広げられた貴重な2年間でした。

今回のチャレンジを相談しようと思えたのは、上司をはじめ、周囲への安心感があったから。本音を言葉にして話せる環境だからこそ実現できたことです。

仕事の可能性が広がる、心身が健康になるLTSの環境改革

“人”を感じながら働けるのに緊張しない。居心地のいいオフィス

組織の成長に合わせ、2022年に東京・赤坂センタービルディングに本社を移転。「社員の可能性を解き放つ」ため、働く社員の声や想いを乗せた新オフィスが誕生しました。この先の「働きやすさ」「働きがい」を支える、オフィスを紹介します。

新しい共創が生まれる フリーアドレスのオープンなワンフロア！

全席フリーアドレス。社長も社長室を持たず、気づくと隣に座っていることも。異なる専門を持つ者同士が、仲間として刺激し合い、気軽に質問でき、視野を広げることができます。長時間座ることになる椅子は、仕事に集中して前傾姿勢が続いても腰をサポートできる人間工学に基づいたものに(a)。

四角ではなくドーナツ状の多様な人がつながれるレイアウト

オフィスコンセプトについて話し合いを重ね、四角ではないドーナツ状のレイアウト設計になりました。

オフィスの移転計画は、コロナ禍に始まり2年間をかけました。ワンフロアにした新オフィスの最大のこだわりは、四角ではないドーナツ状。多様な人がつながれるレイアウトです。会社とは「働く場所」であることはもちろんですが、リモートワークも活用する中、「来たくなる場所」であり、皆が集まるHOMEとして、安心して過ごせる場の実現を目指しました。

オフィス設計でこだわったPointはココです！

オフィス移転プロジェクト推進担当

日野浦 弘樹さん

照明を落とした集中できるスペースも

人とコミュニケーションをとれる環境は大切ですが、一人で仕事に没頭したいときもありますよね。そこで、照明を落としてインテリアをシックにまとめ、集中力を高められるエリアをつくりました。特注テーブルの中央にある木の根元には鎮静効果のある香りチップも(b)。多彩な空間が、心にゆとりを生むと考えています。

来社されるお客さまの待ち合いスペースからは、オフィス内で一番素敵な景色が臨めます。眼下には四季を感じる赤坂御所が広がり、遠くには富士山が見える日も。来社時にはお客さまも緊張するものです。まずはここで心をひもといていただくことで打ち合わせもポジティブで有意義なものとなればいいなと思っています。

仕事モードとは少し違う感覚で働けるリラックスできるエリアも

「Tenderness」と名付けたエリア。ここではリラックスしたムードでの対話や仕事ができるよう、丸みをおびたデザインで統一し、よい香りのアロマで空間を演出しました。各人の個性、仕事のフェーズ、チームでの作業など、さまざまな状況や気分に応じて働く場所が選べます。

オフィスを囲む開放的な窓の外には赤坂御所や富士山も!

働き方が異なるメンバーの距離が近づく出入口&大きな回廊

たとえば、出社したときや外出先から戻ったときに、空気が張り詰めた職場だと、入りたくなくなりますよね。心地よく空間に馴染めるように、オフィスの出入口近くに、会話が自然と生まれるハイテーブルを配置しました。さらに、人が行き交う動線が1か所に集まるように、大きな回廊をつくりました。LTSで成長していくメンバー誰にとっても、居心地よく、人を感じながらも緊張しない環境を整えています。LTSのこれからの10年を見据え、自己実現と共創の両面が充実するフィールドの実現を目指します。

社長インタビュー　健康経営にチャレンジした理由とは?

豊かな感性や情緒は貴重な資源 だから「自由で活き活き」を実現できる会社に

人とのつながりを大事にする一方で自立・自律を尊重しているのが、LTSの健康経営の特徴だということが、社員の皆さんのお話からわかってきました。社長の樺島弘明さんにも、LTSの健康経営の「色」について聞いてみたいと思います。

一緒に働く仲間だから私が悩む姿も社員に見せます

パワーを生み出すコンサルタントを目指して

コンサルタントの道を歩んできた中で反省したことがありました。コンサルの仕事は頭脳労働が主なので、どうしても論理的な指摘をお客さまにしがちです。明確な課題の提示にお客さまは、納得はされても「よし、やるぞ!」というパワーは出にくい。「この人となら!」と思っていただくには、論理だけでなく感性も情緒も豊かな人でないといけない。これは私個人だけではなく、会社でも同じです。

だからＬＴＳでは、仕事に対して「自由で活き活き」を大事にしています。「自由」とは好き勝手ということではなく、自らを自立・自律させながらやりたい仕事に取り組めることです。「活き活き」は、仕事も私生活も含め人生の充実を得ることです。ＬＴＳはその実現の場。実現できているからこそ、「ＬＴＳは楽しそう」と言われるのだと自負しています。

ＬＴＳでの経験を一生ものの価値に

ＬＴＳでは、こうした土台のもと、さまざまな健康経営の施策を行っています。

誰にとっても、エネルギーに満ちあふれる瞬間は、やりたいことを任されたときです。機会をつくる。手を挙げた人を皆で支える。それは応援だけではなく、道筋を整えることも含みます。相談しやすい関係、アドバイスが得られる関係。社員が相互に協力関係を持てる制度と環境。何より社風・文化が必要です。その考えを共有でき、自らキャリアを描きながら成長していける人財を、ＬＴＳでは求めています。

ベテランも若手も誰にとってもＬＴＳが「自由で活き活き」を実現できる場にしたいと常に話し合い、仕事で実践し進化を続けています。実はその中には、「卒業生」の元社員もいます。今いる社員の幸福を念頭に置くのは当然。でも、すでに辞めた人にとっても、ＬＴＳで得た人生経験、そこで確信した価値は一生ものです。この価値をすべての仲間と一緒に社会へ届けたい。ＬＴＳの健康経営には、その想いが込められています。

キャリア充実！　仲間と関係良好！　会社の居心地がいい！

……だけじゃない！

エネルギーが湧く健康施策4選

ここからは具体的な健康施策をみていきます。LTSの施策は、社員の活き活きにつながるものが多いのが特徴。誰もが思わず笑顔になる、「健康経営」と「LTSらしさ」が共鳴したユニークな取り組みに注目です。

» 活き活きが増える取り組みとは？

1 7万2,000円。健康に関するものに、好きに使っていいですよ

全社員に決まったものが支給されるのではなく、年間3万6,000円分を好きなものに利用できるカフェテリアプラン。目的が「健康」「育児」「介護」の場合は、倍額の年間7万2,000円が利用上限となります。社員の家族も視野に入れているのがLTSの健康経営。特に子どもを意識した施策が多く、「社会の次世代を支えたい」という想いを持っています。

2 サークル活動で公私の垣根をなくしましょうよ

社内のサークル活動が盛んです。テニスやゴルフなどは運動系サークルなので、自然と身体を動かす機会になります。ほかにも、オフィス眼下の赤坂御所など、周辺にはビュースポットが多いためカメラ部の活動などが活発です。ボードゲームをする部もあります。仕事では交わることのないメンバー同士のコミュニケーションの場にもなっています。

3 休暇をとって。特に役職者が率先してとって

お客さまの課題解決に取り組むコンサルタントは、心身のリフレッシュをして、よりよいパフォーマンスにつなげることが大切です。そこで、休暇取得推奨日を設けるなどして休みやすい社内気運をつくっています。特に役職を持つ立場の社員に、積極的に休むよう働きかけ、ほかの社員にも休暇の意識が連鎖するような環境となるよう配慮しています。

4 メンターが必要な人も、メンターになってくれる人も手を挙げて

メンター制度がユニークです。メンターを必要とする人、メンターをやりたい人のマッチングシステムになっています。エントリーサイトにメンター希望者がプロフィールを登録。部署などは関係なく、そこからメンティが指名する形で、双方とも堅苦しくなくスタートできます。LTSならではの、「話しやすい」「相談しやすい」を体現した施策です。

施策トライ&エラーREPORT

**LTSの健康施策は、社員の活き活きにつながるのなら何でもOK ！
まずはやってみようからスタート。進化中の施策を前出の船木さんから紹介♪**

課題

健康的な生活のために食への意識を高めたい

社内農園で採れた野菜を配布してみた！

農地を借り、LTSの障がい者雇用の社員が中心となって栽培している野菜があります。そこで収穫したものを本社オフィスに定期的に届けてもらうと、大好評！　旬の野菜がフリーテーブルに並び、見た目も華やか。社員の自炊機会の創出につながっています。また、ケータリング業者と提携し、社内交流会で出す料理の食材としても利用。食べた感想は生産スタッフに届けるなど、相互交流も活発です。障がいのある社員との交流を軸に、将来的な働く場の統合とインクルーシブの実現も目指しています。

採用

メンバーの反応は？

福利厚生の施策としての野菜の配布は、予想以上に好評です。LTSの仲間でもあり、おいしい野菜の生産者とのコミュニケーションは、社会価値創造の身近な実感となっています。

このトライのPoint

- 旬の野菜を食べる機会の創出
- 職場に新たな視点を導入
- インクルーシブな雇用を実現

課題

家族を巻き込みスポーツへの関心を強化したい

プロのスポーツチームのスポンサーになって家族との観戦機会を！

LTSには、スポーツ好きの有志が集まり、リサーチ・勉強するコミュニティがあります。それがきっかけのひとつとなり、スポーツチームをスポンサーとして支援することに。2022年からはサッカーチームY.S.C.C.横浜を応援。社員の家族とともに参加できるスポーツ観戦機会が生まれました。直近では、2023年９月に冠試合を開催。企画・運営メンバーはもちろん社内から募りました。社員のお子さんがエスコートキッズで参加するなど、スポーツとの社会的結びつきを家族ぐるみで強化できるよい取り組みとなっています。

採用

参加者の声

LTSにはスポーツ好きが多いので、こういった企画は大いに盛り上がります。観戦イベントがある日だけでなく、イベント前後も話題にのぼるため、社内に活気が湧きます。

このトライのPoint

- 社員とその家族を含めたスポーツへの関心強化
- スポーツ好きのメンバーの「やりたい」が形に

「LTSの仲間をもっと元気に」大作戦! 社員の声から始まった

課題

社員のナレッジを共有し合い、個々の充実、組織の成長につなげたい

知識を交換しながら交流できるイベントを開催!

LTSグループ間の相互理解やナレッジ共有を目的とし、年に1回「グループカンファレンス」の機会をつくっています。社員による講演やパネルディスカッション、ワークショップなど、テーマは何でもOKで、誰でもセッションを開催することができます。また毎月「事例共有会」もあり、こちらも主催・参加ともに自由なうえ、活発。いずれも自分が学んだこと、身につけたことを周囲に共有し、役立ててもらい、その相互経験が幸福度向上、組織の成長につながっています。

採用

ユニークな講演は?

「トラブル対応のためのPMのダークサイドスキル」

数々のトラブルを乗り越えてきた社内のリーダーによる講演。お客さま、メンバー、自分にとってのWin-Win-Winをつくるため、何を考え行動しているのか。率直に共有し、参加者同士で学び合う時間に。

人気講演は?

「LTSコンサルタント、地方企業の社長になる」

家業を継承して社長になったLTS卒業生による講演。地方中小企業の内情、LTSでの経験が会社経営にどのように役立ったか、自社で取り組む組織変革・DX化・事業開発などについて共有いただきました。

再考

エラー施策も紹介します!

LTSならではの「とりあえずやってみる」精神と「何でも言い合える関係性」が生んだ不採用施策です

- **【ウォーキング大会】** 健康保険組合主催のウォーキング大会にチームをつくってエントリーしました。メンバーが全然集まらず、かつあまり歩かない社員も多く、盛り上がりに欠けました……。
- **【昼食欠食対策】** 多忙な日でも昼食を省いてしまうことがないよう、多目的スペースに健康食品を設置しました。利用者が偏ってしまったことを踏まえ、別施策として出直すことになりました……。
- **【運動セミナー】** 「みんなで運動をしよう!」と企画しました。業務繁忙も影響となり、参加者が全然集まらず、講師の方に対して申し訳ない結果になりました……。
- **【朝活】** よい気持ちで1日をスタートするためにも、朝活でのマインドフルネス機会を検討。朝早い時間の提案をしたところ、周囲のメンバーから大反対! 企画倒れしました……。

COMPANY FILE | 09

Qsol株式会社

社員一人ひとりが幸せを感じ、仕事にやりがいを感じる その延長に会社の成長がある

Qsolってこんな会社！

福岡県福岡市に本社を置く、情報システム会社「Qsol《キューソル》」。九州電力やそのグループ会社のIT部門の中核を担い、長い間、電力の安定供給を支えています。近年は、九電グループ会社のみならず、製造関連企業などに向けて広くビジネスを展開。安全性、信頼性、先進的な技術が要求される中で培ってきた経験やアイデアを活かして、ICTのトータルソリューションを提供しています。

2023年には、社名と企業理念を刷新し、志に「もっと最高を。」を掲げました。より高みを目指すため、九州のインフラを支えながら得た経験・知見「みつけるチカラ、かなえるチカラ。」を携えて、AIなど、最先端の技術分野にも積極的に挑戦。社員一人ひとりが自ら変革を行いながら、日々幸せを実感できるウェルビーイングの実現も目指しています。幸せな、魅力ある、楽しみな未来のために、会社、そして個人が進化を続けています。

これがQsolの健康経営プロフィール!

数字でわかる「社員の健康を支える環境づくり」の本気度

誰もが長く働ける会社にしたい。この想いこそ、Qsolが健康経営を意識したきっかけなのだそう。そのためには、「"病気ではない"というだけでは足りない」と、本気で取り組んでいる健康施策は結果に表れています。

定期健康診断後の
二次検査受診率
92.1%

定期健康診断の受診率は100%。その後、二次検査が必要となった社員には、保健師が個別に保健指導を実施。二次検査の受診を勧奨し、高受診率をキープ。二次検査の検査費用は全額会社が負担しています。

年間平均
有給休暇の取得日数
15.2日

有給休暇は、全社一律で「年間20日」を付与。勤続年数などに応じた有休付与システムを2021年に廃止。さらに、年齢にかかわらず有休を活用する社員は多く、年平均15日超え。122～123ページで休暇に関する現場の声を載せています。

高リスク者の健康教育受講率
89.7%

健診で高リスク項目が見つかった社員を対象に、運動習慣などの保健指導や栄養相談、健康課題セミナーを実施。会社が社員の健康づくりに真剣に取り組むことで、高リスク者の意識改善につながっています。

喫煙率
25.4%→21.7%
(2020～2022年)

過重労働者のモニタリング
月1回

経営会議で過重労働者のモニタリングを月1回実施。対象者には産業医・保健師の面談を都度行い、社員が働きすぎないように見守っています。

Qsol保健師イチオシの健康施策

新入社員と必ず実施する1on1が相談の受け口に

上記をはじめ、健診の項目数の充実を図ったり、健康教育の機会としてセミナーを開催したり、数値目標を明確にしてストレスチェックをするなど、多角的かつ、社員一人ひとりに届くアプローチを心がけて取り組みを実施しています。中でも、健康に対する意識づけにつながっていると感じるのが、保健師と新入社員が必ず行っている1on1です。一人ひとりと顔を合わせながら、個々の暮らしぶりや状況を踏まえた話をします。寄り添った面談をすることで、体調や健診結果についてなど、社員からの相談の受け口を、入社間もない時期につくることができています。

社長と現場社員に取材！

社員を想うウェルビーイング経営とは？

穏やかな声と笑顔が印象的で、まるで社員みんなのお父さんのよう。お話をうかがったのはそんな犬塚社長と、社員の末廣さん、山口さんのお２人です。

会社で過ごす時間は年間約1,900時間。会社人生を含めて幸せを追求してほしい

経営管理室 人財労務部 山口 梨央さん

代表取締役社長 犬塚 雅彦さん

経営企画室 経営企画部 末廣 大樹さん

ウェルビーイングの実現に向けて

犬塚　Ｑｓｏｌの健康経営は、「会社の成長のために、社員に健康を促す」という発想ではないんです。社員一人ひとりが、仕事にやりがいを感じ、幸せを感じてほしい。その延長には会社の成長もあるだろう。そう思っています。会社生活は1年間で約1900時間。1年は8760時間なので、22％が会社生活にあたります。たった22％だと思う人もいるかもしれませんが、生活や人生全体に大きく影響する時間です。この「仕事の時間」も含めて幸せな人生にしてほしい。これが私の本心です。

社名・企業理念を変えたこと

末廣　私たちは、これまで九州の電力の安定供給をＩＣＴで支えてきました。近年は九電グループのＩＴ部門の中核を担いながら、一般企業向けのビジネス拡大を続けています。そんな中、私たち自身の変化を社内外に発信するために、２０２３年に社名を変更しました。それに伴って、企業理念も刷新したんです。

犬塚　これまで以上に積極的にお客さまの課題を見つけ、お客さまのありたい姿を叶えていく、そういう企業理念にしたいということで、志を「もっと最高を。」にしました。当社の企業理念は、社員が考えた案をもとに経営層で議論をして、さらにアンケートによる全社員からの意見聴取を実施し、全社一体で策定しました。

末廣　さまざまな部門の社員を集め、ワーキンググループをつくって企業理念を検討しました。志の「もっと最高を。」は、現状に満足してしまうのではなく、

どんどん上を目指していこうという、社員の成長にかける強い想いを込めたものです。

犬塚　最初に聞いたときは驚いたけどね。最高のさらに上があるのかって（笑）。でも、いいメッセージだなと思います。チャレンジすることが楽しい、チャレンジして失敗しても次につなげるぞという前向きな姿勢を、企業文化にしていきたいと思います。

社員がチカラを最大限に発揮できる風土を目指して

犬塚　社員同士が自由闊達に伸び伸びと活躍し、組織を越えて協力することで、それぞれが成長や達成感を得られる。「仕事のやりがい」「働きやすさ」を実感できる。そのような会社を目指しています。2022年度は、「共感2022」というタイトルで、経営層と社員が対話する場を設けました。少人数制、対面で、全社員に参加してもらい、一人ひとりの声に耳を傾けました。さらに、2023年度から「フィードバック研修」を始めています。働きやすいだけでなく、働きがいのある会社になるためには、連帯感を高める相互コミュニケーションの拡充が欠かせないはずです。上司から部下、部下から上司、同僚同士、部門を越えて、長所や改善点の気づきを自然と言い合える文化のある企業が、「働きがいのある会社」ランキング（GPTW Japan）で連続して1位を獲得しています。だからうちも、まずはそこから始めてみようと。双方向のフィードバックを文化にしながら、働く環境をさらに進化させていきたいです。

山口　私は「フィードバック研修」の企画段階から携わっています。フィードバック文化を本気で全社員に広げ、一人ひとりの「働きがい」の向上につなげたい。始めたばかりの取り組みですが、当社がもっと働きがいのある会社になるための第一歩にしたいと思っています。

「幸せを希Q（希求）する」に込めた想い

犬塚　経営の軸である企業理念の刷新に伴って、健康経営宣言も2023年末に見直しました。

社員一人ひとりが心身ともに健康で、働きがいを感じ、幸福になること。それが会社の成長、さらには社会の発展につながるという考えから、社員や協力会社の皆さんをはじめとする「人」の幸せを追求していきたい。そのような想いで「幸せを希Qする」という言葉が生まれました。「希Q」は、明るく前向きな希望の「希」に、Qsolの「Q」を合わせて「希求」を表現したものです。一人ひとりが自分の人生の主人公として、会社生活を含めて幸せを追求できる会社にしたいと思っています。

＼ 2023年末に健康経営宣言が新しくなりました! ／

幸せを希《き》Q《きゅう》する

社員や協力会社の皆さんをはじめとする“人”こそが、Qsolの持続的な成長を支える最も重要な経営資本であると考えています。また、私たちの幸せが豊かな社会をつくることを確信しています。つまり私たちの人生がもっと最高になることは、もっと最高な製品・サービスを、もっと最高な企業価値を、そしてもっと最高な社会価値を、ひいてはもっと最高な社会をつくることにつながります。

私たちは、健康経営を通じて、社員一人ひとりが心身ともに健康で、働きがいや成長を実感し、チカラを最大限に発揮できる環境を築きます。その環境のもとで、一つひとつの「もっと最高を。」を実現していきます。

Qsolで人気の取り組み「ウォーキングイベント」をPick up！

健康へのモチベーションが高まるのはゲーム的要素のある施策のおかげ！

デスクワークが多いため、運動不足が健康課題のひとつとなっているQsol。そこで、全社員にウェアラブル端末を貸与し、さらに、歩数データなどを活用したウォーキングイベントを開催。社員のやる気を倍増させる「ゲーム的要素」を用いた施策に注目です。

経営管理室 人財労務部
大洲 恵子さん

経営管理室 人財労務部
福田 佳代子さん

経営管理室 人財労務部 保健師
内田 圭さん

歩いて、競って、健康ゲット！ 2か月間のイベントを年2回 Fitbit×ウォーキングで楽しく運動習慣を定着化

ウォーキングイベントを始めたのは2019年。開始当初は42%だった参加率が直近では70%を超えています。人財労務部の福田さんに、定着しつつある理由を尋ねたところ、「まず、イベントのことを広く知ってもらうための工夫をしました。具体的には社員の興味を惹くよう、ポスターやPR動画をつくりました。そして、運動習慣の定着には継続が大切なため、今では年2回の開催を定例化。社員が楽しみながらウォーキングに取り組めるよう、毎回趣向を凝らしています」とのこと。

「社員が飽きてしまったり、惰性で参加するのでは意味がないので、『競争』といった、ゲーム的要素を持たせました。楽しめるアイデアを考えるのはもちろん、ときには社員からも募ってルールを検討しています」と大洲さん。さらに、「おかげで、身体の健康に留まらず、組織のコミュニケーション活性化にも役立っていますよ」と内田さん。

How to use?

小型で軽量なウェアラブル端末「Fitbit」。心拍数や睡眠時間の計測はもちろん、歩数など日々の生活習慣をアプリと連動させてデータ化し、健康管理をするのに役立ちます。産業医との面談では、データをもとに相談する人も。「Fitbit」は全社員に配られ、自由に使えます。

ゲーム性を取り入れるために必要な要素

1 目的

何のための取り組みなのか、参加者の心が迷子になってしまわないよう、また、やる気を引き出すためにも目的や課題を示します。

2 クエスト

ゲームの本筋とは違った、ミッションのような要素を入れると楽しさ倍増。幅広い参加層に向けてゲーム的要素を届けられます。

3 可視化

途中経過を公表するなど、数値の可視化が競争心UPに。メンバー間でのフィードバックも目的達成への気持ちづくりに役立ちます。

4 報酬

順位の発表・表彰をはじめ､あらゆる方向から頑張りを認めるような報酬システムをつくることで、次回へのモチベーションを高めます。

1 イベントコミュニティサイトで健康意識UP！

「『ウォーキング』というコンテンツは毎回変わらないので、ルールを都度変えてマンネリ化を防止。社内イントラやイベントサイトでその回のルールや表彰内容を発表し、各自目標が持てるよう、健康意識を刺激する内容に創意工夫しています」（大洲さん）

2 フォトコンテストなどで楽しさ、ユーモアをプラス

「フォト企画を何度か行っています。ウォーキング中の景色を撮って投稿してもらい、『いいね！』の数に応じたポイントを付与したり、フォトスポットを設定してスタンプラリー形式でポイントを付与したり。『ここ行きたい！』などコメント欄も盛り上がります」（大洲さん）

3 経過状況は常に公開 やる気&対抗意識をUP！

「リアルタイムでイベントサイトにランキングがアップされるので、各自、各部署が自然とチェックし、士気を高めています。個人戦では、いつも役員が上位にいるためよい刺激に。トータル歩数は増加の一途です！」（内田さん）

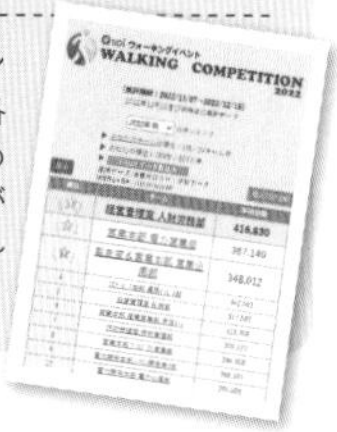

4 互いの協力、競争が醍醐味に

「イベントには職場ごとの対抗戦を取り入れており、チームワークが高まります。『上位だけの熱い戦い』にならないよう、歩数の伸び率を競うなど、毎回ルールを工夫。社内イントラで表彰し、副賞を贈呈しています」（内田さん）

［2か月間、楽しく続けるためには？ 好成績者の声］

イベント期間中の、楽しみ方、モチベーションの保ち方を聞きました！

グループ内で歩数を共有!

部署のメンバーと歩数を共有し合い、競うことでモチベーションを高めました。普段は交流の少ない人とも自然と話すきっかけに。

順位が上がる喜びを糧に

社内順位の変動を日々チェック。順位が上がる喜びを糧に頑張りました。お風呂以外はFitbitを装着し、在宅時もよく歩きました！

「試しに歩いてみる」きっかけに

歩数を増やそうとするよりも、試しにいろいろなところへ歩いて行ってみました。「ちょっとした移動は徒歩で」が習慣になりました。

歩数だけでなく体重変化もチェック

ダイエットにも取り組み、Fitbitアプリに毎日体重を入力。体重が減るのを実感することでモチベーションを保ちました♪

Qsol流オフィスのあり方

「楽しみを感じる」「安らげる」仕事環境がデスクワークのリフレッシュに！

ウェルビーイングを実現していくためには、制度面だけでなく、オフィスの環境整備も大切です。なぜQsolは働きやすいのか？その答えをオフィスの面から探っていきます。

ICTによる研究・開発の拠点

「Qsol-Lab」はアイデアを創出する共創エリア！

Qsol-Labは、「AIテクニカルセンター」がメインで入っているスペースです。AI技術を活用したソリューションの企画・開発を行っています。会議室、コワーキングスペースのほか、卓球台やパターゴルフなどの遊び心あるエリアも併設。社内外のカジュアルなコミュニケーションの場として活用されています。

私が社内のウェルビーイングスポットをご案内します♪

経営企画室 経営企画部
中村 紀子さん

本社は、福岡市の中心地である天神エリアから近い、渡辺通にあります。デスクワーク社員が8割のため、ストレス対策や、リフレッシュできる環境づくり、運動不足への気遣いを意識した数々の工夫があり、それらは小さな取り組みながらも、温かみを感じます。

特に2018年に開設された、本社と別のビルの一角にある「Qsol-Lab」は、共創エリア、アジャイルエリアとして好評で、業務上では出会わない社員同士のコミュニケーション機会の創出にもつながっています。

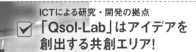

行き来が多い廊下には ぶら下がり健康器が!

人に見られると少し恥ずかしいです（笑）

定期的なストレッチを推奨してもなかなか定着には至りませんよね。そこで、トイレや会議に向かうついでにほんの1分ぶら下がってほしい。そんな想いを込めて置いています。

ブレイクタイムは 栄養補給で気分転換

間食のタイミングを活用して、普段の食生活で不足しがちなカルシウムやビタミンなどを補えるように、ヨーグルトや野菜ジュースなどを社内の自動販売機に取り揃えています。

ソフール
Yakult
さりげなく、健康サポートを

理療師が社内に常駐 マッサージが受けられる!

理療室が社内にあります。予約制ですが、空いていればすぐにマッサージを受けることも可能です。癒しの音楽とともにコリをほぐしてもらうこと20分or40分。最高のリフレッシュになります。

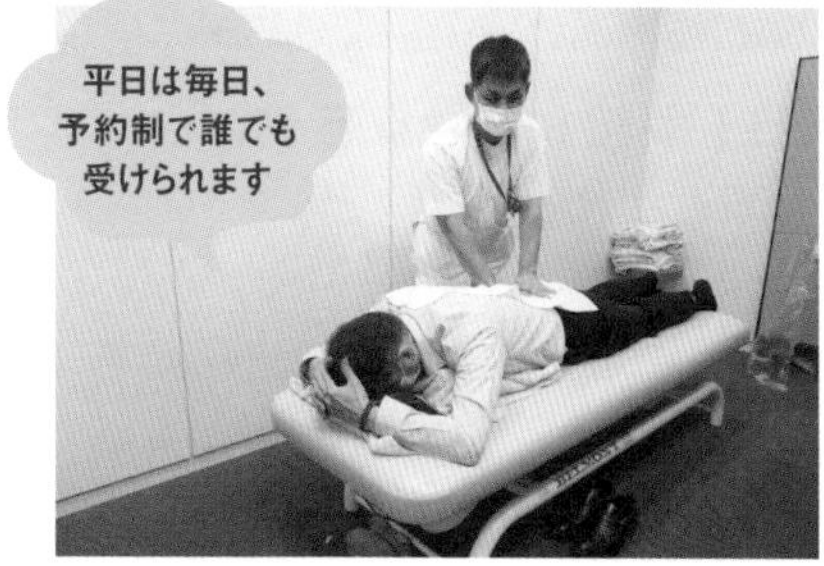
平日は毎日、予約制で誰でも受けられます

究極のリラックススペースは 開放的な畳の和室

いるだけで落ち着ける癒しの効果あり

休憩スペースとして重宝している和室があります。オフィスとは違った空間でリラックスできます。瞑想をしたり、「いつもと違う雰囲気で」と、ミーティングに活用されることも多いです。

そのほか、さまざまな健康施策も行っています!

ライフステージに合った 女性セミナーが充実!

近年、女性社員が増えているため、女性向けの健康施策に力を入れています。婦人科の専門医師を招いた健康セミナーを定期的に開催。若手社員にもとても好評です。

社内測定会の実施で 高年齢社員の健康管理意識UP

社員の高年齢化が進んでいる中、「長く元気に働いてもらいたい」というのが、健康経営を推進する当社の想いです。バランス能力や歩行能力をチェックする場を設け、個々の身体機能の把握、体力維持の促進に努めています。

まっすぐ歩けるかチェック中!

九州電力と九州電力送配電が利用するシステムの開発・保守を担当する「電力開発本部システム開発第5部送配電システム第1グループ」で活躍中
採用を担当する「経営管理室人財労務部人財グループ」で活躍中
サポートデスクサービスをお客さまに提供する「ITサービス本部カスタマサービス部サポートデスクグループ」で活躍中

1〜3年目社員に聞いた!

Q 年間、全社員が「平均15日」取得している有休。勤続年数が短くてもとれる?

入社3年目

金色 夏実さん

年に一度、有休とは別に、4日連続で取得できるリフレッシュ休暇制度があり、私も毎年活用しています。存分に休んで、気持ちよく働くことを後押ししてくれる会社の風土を感じています。

私は旅行が好きなので、土日+有休1日の休暇もよくとっていますが、上司が話しやすく、スケジュール調整の相談がしやすい環境だからできることだと思っています。近々、ヨーロッパなどへの海外旅行に向けて、長期休暇を計画中です♪

3日以上の休暇取得頻度
2〜3か月に1度、 旅行へ!

入社1年目

井上 文雅さん

繁忙期でなければ定時に退社でき、長期休暇もとりやすく、ワークライフバランスが整った環境です。

人々の生活を支えるシステムの開発・保守に携わる私の部署では、チームで動くことが基本です。このため、1年の始めに暫定的な予定を立て、休暇の見通しなどをチームで共有しています。もちろん、計画を立てたあとでも、調整は可能。休日と合わせて10日間あった前回の夏季休暇は、友人との旅行や趣味に没頭し、リフレッシュできました。

最近とったロング休暇
夏季休暇と休日を合わせ10日間!

入社1年目

長 宏紀さん

勉強しながらひとつずつ業務をこなしている身ですが、休暇を申請しづらいと感じたことはありません。余裕をもった「報・連・相」さえすれば、長い連休でも年齢に関係なく多くの部員がとっている印象です。実際、私も先日、スケジュールを調整し、リフレッシュを目的に9連休を楽しみました。私が所属する部署ではフレックス制度も浸透し、部署の誰もが活用しています。時間休暇と合わせて利用することでプライベートと仕事の両立もしやすいです。

最近とったロング休暇
土日祝と合わせて9連休!

製造関連企業向けの生産管理システム『GROTRY』の開発を行っている「ビジネスシステム本部ビジネスシステム部プロダクト開発グループ」で活躍中
ネットワーク環境の提案・構築・技術的支援を行っている「ITインフラ本部インフラアーキテクト部ネットワーク・セキュリティグループ」で活躍中

Qsolで活躍している入社

Q Qsolのどんなところが働きやすい？

入社1年目

竹本 彩花さん

実務面では、トレーナー制度にありがたさを感じます。私はプログラミング経験ゼロで入社しましたが、先輩社員が教育係についてくださったおかげで1年目から安心してプロジェクトに携われています。

生活面では、部署の先輩方が、休暇制度や在宅勤務を日頃から利用しているので、周りに気を遣わず、自分もライフスタイルに合わせた働き方ができます。覚えることが多い日々ではありますが、お昼は1時間しっかりとり、同期と楽しくランチしています。

日頃の勤務タイム
8:40出社⇒18:00退社

入社2年目

宮副 友紀さん

在宅勤務はもちろん、10分単位で働く時間をフレキシブルに設定できるところに働きやすさを感じています。

私の仕事はネットワーク構築が主なため基本的にはPCと向き合う日々ですが、お客さまと直接お話する機会もあり、問題解決のお手伝いができていることに働きがいを感じています。常にチームで情報を共有しているので、入社歴が浅くても上司から指示を受けるだけでなく、お客さまと直接コミュニケーションできるところがやる気につながります。

日頃の勤務タイム
9:30出社⇒18:20退社

入社2年目

田所 夕弥さん

営業本部は中堅社員が多く、私が最年少です。営業職ならではの、体育会系の厳しさを想定して入社しましたが真逆で、コミュニケーションを大切に、声をかけていただく環境に働きやすさを感じます。

「お客さまの課題解決を行う」という共通のゴールを目指し、チームワークを大切にしている部署で、公園でのBBQレクリエーションなども盛んです。残業は多いと感じませんし、ランチの時間もきちんと確保。仲間と外食なども楽しみつつ働いています。

日頃の勤務タイム
9:00出社⇒18:30退社

PART 3

「健康経営」だけじゃない

企業研究、就職活動にホワイトマークを活用しよう

行政から企業への認証制度、通称「ホワイトマーク」は、健康経営優良法人だけではありません。「えるぼし認定」「くるみん認定」「ユースエール認定」など、さまざまな種類があり、高い水準で労働環境などが整備されている企業が申請することで、行政から与えられる認証マークです。大企業ばかりではなく、中小企業のみを対象にした制度もあります。企業研究、就職活動には、企業の「認定マーク」も参考にしていきましょう。

柔軟な働き方や働きやすさに関する企業認定制度を知ろう

「健康経営優良法人」の認定制度以外にも、働きやすい環境やワークライフバランスを評価する「ホワイトマーク」は数多くあります。企業を認定する制度は、国の行政機関が実施しているものから、民間団体が実施しているもの、中小企業のみを対象にしたものなどさまざまです。そのうちのいくつかを紹介します。「所定外労働時間の少ない企業は？」「育休が実際に取得しやすい企業は？」など、各認定制度の理解を深めることで、就職活動、転職活動を行う際の参考にしてください。

取得の難易度には差がありますし、ランクや順位がつけられる認定もありますが、まずは「ホワイトマーク」があるかどうかが判断基準です。取得するために法令遵守はもちろんのこと、一定の認定条件・基準をクリアしなければいけません。認定を受けているということは、働きやすい環境づくりやワークライフバランスを「意識している」「考えている」企業であること、人がいることの証と言えるでしょう。

厚生労働省ほか、各省庁がかかわるホワイトマーク

●女性活躍推進・子育てを積極的にサポートしている企業

えるぼし

▼

女性の職業生活における活躍の推進に関する法律（女性活躍推進法）に基づき、一定基準を満たし、女性の活躍促進に関する状況などが優良な企業を厚生労働大臣が認定する制度です。認定項目には、男女の採用比率が同程度であることや、女性管理職の割合が業界平均を超えていることのほか、非正規雇用から正社員への雇用転換、一度退職した女性の再雇用の実績など、多様なキャリアが選択できるかどうかも含まれています。段階は３段階あります。

認定企業数２５３３社（２０２３年12月末時点）

プラチナえるぼし

▼

２０２０年６月に新設された、えるぼし認定の３段階目（５つすべての基準を満たす）より高い特例認定基準を達成した企業が受けることができる制度です。

認定企業数47社（２０２３年12月末時点）

くるみん・トライくるみん

▼

次世代育成支援対策推進法に基づき、一般事業主行動計画を策定した企業のうち、行動計画に定めた目標を達成し、一定の基準を満たした企業を厚生労働大臣が「子育てサポート企業」として認定する制度です。くるみんの認定基準には、育児休業取得率や時間外労働の状況などがあります。２０２２年４月からはくるみん認定基準の引き上げに伴い、新たに「トライくるみん認定」が創設されるとともに、不妊治療と仕事との両立に取り組む企業を認定する「プラス」制度も新設されました。

認定企業数４３１３社（２０２３年９月末時点）

プラチナくるみん

▼

くるみん認定を受けた企業のうち、より高い水準の取り組みを行った企業が、一定の基準を満たした場合は、優良な「子育てサポート企業」として厚生労働大臣の特例認定を受けることができます。

特例認定企業数５８９社（２０２３年９月末時点）

なでしこ銘柄

▼

「女性活躍推進」に優れた上場企業を、「中長期の企業価値向上」を重視する投資家にとって魅力ある銘柄として紹介することを通じて、企業への投資を促進し、各社の取り組みを加速化していくことを狙いとしています。経済産業省と東京証券取引所が共同で２０１２年度より実施しています。

応募３１２社のうち14社（２０２３年実績）

●休暇制度や福利厚生など働く環境づくりに積極的な企業

ユースエール

▼

若者の採用・育成に積極的で、若者の雇用管理の状況などが優良な中小企業（常時雇用する労働者が300人以下）を厚生労働大臣が認定する制度です。若者の採用や人材育成を積極的に行っているかや、新卒者の離職率や正社員の労働時間、有給休暇の取得日数などが基準を満たしているかなどが認定要件となります。

認定企業数1176社（2023年12月時点）

安全衛生優良企業

▼

労働安全衛生に関して積極的な取り組みを行っている企業を厚生労働省が認定し、企業名を公表する制度です。過去3年間労働安全衛生関連の重大な法違反がないなどの基本事項に加え、労働者の健康保持増進対策、メンタルヘルス対策、過重労働防止対策、安全管理など、幅広い分野で積極的に取り組んでいる実績が求められます。

認定企業数36社（2023年12月時点）

スポーツエールカンパニー

▼

従業員の健康増進のためにスポーツの実施に向けた積極的な取り組みを行っている企業を文部科学省スポーツ庁が認定しています。認定には、社内スポーツ大会、ウォーキング大会を開催する、社内部活動を支援する（費用負担など）といった、従業員の健康意識を高める取り組み実績が必要になります。

認定件数1246件（2024年認定）

●「働きやすく働きがいのある職場づくり」に取り組んでいる企業

社労士診断認証

▼

全国社会保険労務士会連合会が実施。労務コンプライアンスや働き方改革に取り組む企業を支援するため、取り組み企業に対して社労士が診断し、認証マークを発行しています。労働社会保険諸法令の遵守や職場環境の改善に積極的に取り組み、企業経営の健全化を進める企業を社労士が診断・認証するもの。取り組み状況に応じて、「職場環境改善宣言企業」「経営労務診断®実施企業」「経営労務診断®適合企業」の３段階で認証します。

認証件数３０３１件（２０２４年１月末時点）

ホワイト企業認定

▼

「次世代に残すべき素晴らしい企業」を発見し、ホワイト企業認定によって取り組みを評価・表彰するものとして、一般財団法人日本次世代企業普及機構（通称：ホワイト財団）が実施。職場環境や研修制度、キャリア制度についてなど、認定審査の70設問に回答し、書類審査を経て認定されます。

累計認定企業数４４５社（２０２４年１月末時点）

ハタラクエール

▼

福利厚生表彰・認証制度の愛称で、働く人を応援する法人の福利厚生の充実度を客観的に評価・見える化し、福利厚生の提供・充実・活用に力を入れる法人を「福利厚生推進法人」として認証し、特に優れた取り組みを行う法人を「優良福利厚生法人」として表彰しています。運営は福利厚生表彰・認証制度実行委員会。

認証法人数延べ２５２件（２０２３年５月時点）

働きがい認定企業

▼

「働きがい」に関する調査・分析・支援を行うGreat Place to Work®が認定。世界約50か国で、「働きがいのある会社」を世界共通の基準で調査分析し、各国の有力メディアでランキングを発表しています。日本では株式会社働きがいのある会社研究所が運営しています。

参加６５３社（２０２４年版調査）

DBJ 健康格付

▼

株式会社日本政策投資銀行（ＤＢＪ）が提供する融資メニューにおける格付です。「ＤＢＪサステナビリティ評価認証融資」における融資メニューのひとつで、ＤＢＪが独自に開発したスクリーニングシステムによって、従業員の健康配慮への取り組みに優れた企業を評価・選定するものです。評価項目は、「心身の健康」「働きやすい環境づくり」「エンゲージメント」の３分野から構成されています。

取得件数２３１件（２０２３年３月末実行分まで）

●ウェルビーイングを実現する快適なオフィスがある企業

WELL認証

▼

従業員が身体的、精神的、そして社会的に健やかに働くことができるオフィス空間かどうかを評価するグローバルな認定制度。アメリカの公益企業ＩＷＢＩ（International WELL Building Institute）が２０１４年に公開した「WELL Building Standard®」の日本版で、日本では、一般財団法人グリーンビルディングジャパンが運用を担っています。評価項目には、光や音をはじめ、こころ、コミュニティ、空気などのワードが並んでいます。

認証件数34件（２０２３年秋時点、国内のみ）

●多様性を尊重して誰もが安心して働きやすい企業

PRIDE指標

▼

日本で初めての職場におけるＬＧＢＴＱ＋に関する取り組みを評価する指標です。一般社団法人work with Prideが２０１６年から表彰制度をスタートしました。ＬＧＢＴＱ＋に関する取り組みを、行動宣言、人事制度など5つの評価指標に分類し、企業や団体は各指標の獲得点数により「ゴールド」「シルバー」「ブロンズ」の3段階で表彰されます。

認定企業・団体数３９７件（２０２３年実績）

ここでは紹介していませんが、各自治体においても、若者の採用・育成やワークライフバランスなどの取り組みに優れた企業に対して認定・表彰する制度があります。（例：宮城県「女性のチカラを活かす企業認定」。福岡県「よかばい・かえるバイ企業」など）。地域を絞って就職活動する際には、その県や市のホームページでチェックしてみてください。

協力者一覧

[カバーデザイン]

中多由香(有限会社アイル企画)

[本文デザイン・DTP]

大谷達也／市川佳奈／松岡敬志
中多由香／佐野航平／佐藤実咲
(有限会社アイル企画)

[編集協力]

相澤洋美／塩澤雄二／藤森優香／吉田 勉

[撮影]

鯉沼宣之／滝川敏之／塚崎智晴
中村 彰／塙ひろみ／堀 哲平

［著者略歴］

クロスメディアHR総合研究所

クロスメディアグループの経営と人事をテーマにした研究機関として、調査・研究からビジネス書の執筆、採用支援、人材育成の支援まで幅広いサポートを行っている。「メディアを通じて人と企業の成長に寄与する」をミッションとし、編集とデザイン、マーケティングチームが一体となって、現場の課題を解決するためのソリューションを提供している。提案で終わりではなく、さまざまなメディアやツールを提供することで課題解決する実践力は高い評価を得ている。

こんな会社《かいしゃ》で働《はたら》きたい 働《はたら》く人《ひと》の幸《しあわ》せを追求《ついきゅう》する健康経営企業編《けんこうけいえいきぎょうへん》

2024年3月11日　初版発行

著　者　クロスメディアHR総合研究所

発行者　小早川幸一郎

発　行　株式会社クロスメディア・パブリッシング
〒151-0051 東京都渋谷区千駄ヶ谷4-20-3 東栄神宮外苑ビル
https://www.cm-publishing.co.jp
◎本の内容に関するお問い合わせ先：TEL（03）5413-3140／FAX（03）5413-3141

発　売　株式会社インプレス
〒101-0051 東京都千代田区神田神保町一丁目105番地
◎乱丁本・落丁本などのお問い合わせ先：FAX（03）6837-5023
service@impress.co.jp
※古書店で購入されたものについてはお取り替えできません

印刷・製本　株式会社シナノ

　ISBN978-4-295-40944-1　C0030